日本の遺跡35

郡山遺跡

長島榮一 著

同成社

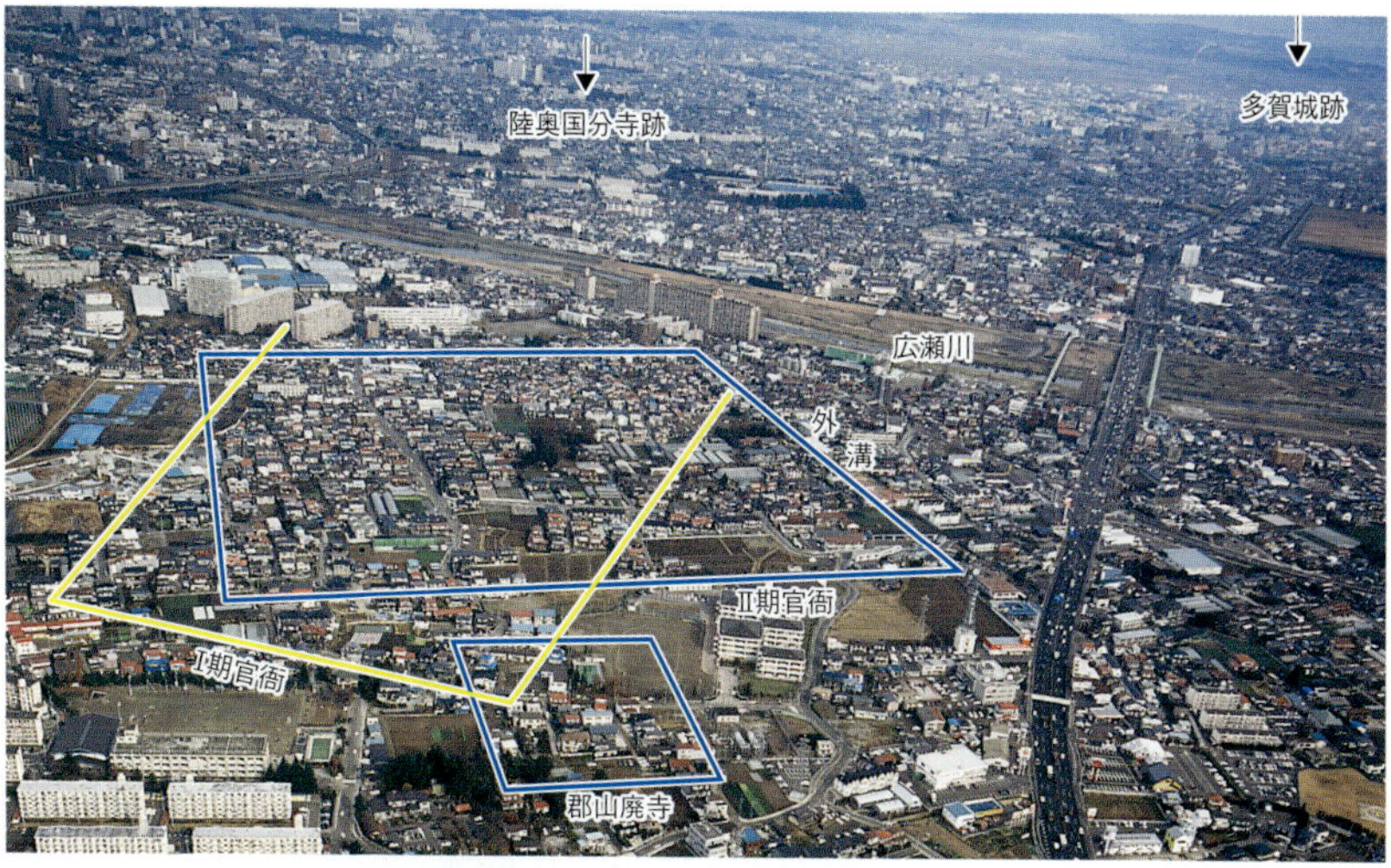

郡山遺跡周辺航空写真

方四町II期官衙材木列

方四町Ⅱ期官衙
中心部の遺構群

石組池跡

石組溝跡

石敷遺構

畿内産土師器坏
（上：上方から、
下：側面から）

郡山廃寺出土の木簡

目　次

カバー写真　石組池跡
装丁　吉水聖児

郡山遺跡

プレリュード　郡山遺跡の発見

1　郡山の地から

エピソード1

一九一二（明治四十五）年、今から一〇〇年ほど前の話である。

仙台の南に広瀬川を挟んで長町《ながまち》という街がある。もともと仙台城下に入る宿場町として栄え、山形方面に向かう笹屋街道の分岐点になっている。その長町の東南方にある「郡山」の地から、竈や土器が発見されたのである。宮城県図書館で司書を勤めていた山中樵はそれを耳にし、現地でレンガ工場を営んでいた伊勢氏より、残されていた土器の提供を受け、検討した。それを一九一五（大正三）年の『考古学雑誌』第五巻第五号に報告する。それには新しい遺跡の発見と、見識の深さがつづられていた。

内容は以下のようであった。東北線と広瀬川の西の地で、レンガ製造のために粘土を採掘すると、土器や勾玉が出土する。そのなかには須恵器の平瓶《ひらか》があり、漆状の液体が容れられていた。山中は実見し、その成分を明らかにするため東北帝国大学に調査を依頼している。現在の自然科学的分析の先駆である。結果は年代を経た生漆であった。山中は古代の漆の実物に接したことと、その保存に須恵器の平瓶が用いられていることを報告している。

現在発掘調査を進めていると、宮殿跡や役所跡の遺跡からは、漆の貯蔵や運搬に用いたとみられる須恵器の平瓶や𤭯《はそう》が出土する。今から一〇〇年以上前に、そのような状況を察知していたことになる。

また山中は報告のなかで、遺物の出土している範囲が一〇町に及び広いことから、この地に集落等があり、さらに名取郡家の所在地としての可能性を指摘している。

山中は当時図書館司書という職務であったが、前職は宮城県高等女学校（現宮城県第一高等学校）の歴史教員であった。何よりもその前は奈良県高等工業学校に勤務しており、明日香地方の遺跡や古墳時代の遺物に接している。地方史に興味をもち、一九〇七（明治四十）年に「仙台考古会」をつくり、毎月の例会を開いて遺物について検討を加えたり、発掘調査を実施することもあったという。

山中はこの後に、請われて新潟県立図書館設立にかかわり、一九二〇（大正九年）には館長となる。さらに新潟市に迎えられ、一九二六（大正十五）年、新潟市立沼垂図書館長となる。「郡山」を見逃さなかった目が、新潟の地でも残されていないものだろうか。

ともあれ、山中樵の考古学からの視点がこの新発見を生み出し、「郡山」の地を歴史のなかに浮かび上がらせることになった。

エピソード2　一九四九（昭和二十四）年冬、郡山の地ではこの季節に「天地返し」という、畑の耕作が行われる。種を蒔くわけではない。土地の地力の回復や酸性土壌の中和のために、スコップの柄の長さ程を掘り返す作業である。畑全面に行われるため大変な重労働である。夏場は体力が消耗するため、気温の低い冬場に行われていた。

　仙台地方は東北のなかでも雪の少ないところである。東北地方に降雪をもたらすのは、日本海を東進してくる低気圧によるもので、雪雲は奥羽山脈により遮られ、日本海側や内陸部に雪をもたらすことになる。仙台地方や福島県の海岸部は、稀に太平洋岸を東進北上する低気圧がないかぎり、大雪は降らない。広い耕地面積を有し、東北北部への交通路が通過する仙台平野に、人口が集中するのは自然の理なのである。

　冬場に積雪がなく乾燥した西風の吹くなか、「天地返し」が行われたのだろう。畑を耕す庄子氏は精農である。力が入っていたのであろう。溝状に掘るスコップの先に硬質の板がかかる。しかも大量である。よく見るとさまざまな形をしている。板状のもの、円盤状のもの、厚く拳大のもの。「瓦」である。完全な板状のものは八㌔ほどもある。クリアに華の形が浮かび上がるものもある。畑はみるみる瓦礫の散乱する惨状となった。

　この様子を見てただごとではないと感じた人がいた。瓦の出土した畑の南にある諏訪神社宮司の二階堂進である。地元では博識として知られ、温厚な人柄のゆえに信望を集めていた。

　瓦が散乱する様子を見たとき、これは大変な文化がこの地にあったと思いました。当時、郡山といえば何もないところといわれ、空しい思いをしていました。

　最初に郷土史家の三原良吉さんに相談したのですが、様子を聞かれて『そりゃ伊東先生だよ』といわれました。

図1　瓦の発見

伊東先生とは東北大学で考古学の教鞭をとっていた伊東信雄である。伊東は後に陸奥国分寺跡や多賀城跡の発掘調査を手がけ、東北における歴史考古学の基盤を築いた考古学者である。

二階堂からの連絡で現地に赴き、写真におさめたのが上の一枚である。周囲は水田になっているが、瓦の出土した手前の土地はやや高くなっている。風景から現在の郡山五丁目から三丁目方向を、南から北にむけて撮影したものと推定される。伊東はこのできごとを一九五〇（昭和二十五）年に刊行された『仙台市史第三巻別編一』のなかで、「郡山古瓦出土地」として紹介している。そこでは寺院跡の可能性を示唆している。

東北大学にはこの当時収集されたとみられる瓦が所蔵されている。軒丸瓦と鴟尾《しび》の破片である。鴟尾の破片には「仙台郡山在家浦　昭和25・3」と書かれている。在家浦は出土地点の小字名である。「在家」は仏教では出家していない人の意である。後の調査で寺院のあったことが明らかになることは、意義深い偶然なのであろうか。

二階堂の地元での視点が「郡山」の地を歴史のなかにふたたび浮かび上がらせたといえよう。

2　考古学からの問い

次に紹介するエピソードは、一九八〇（昭和五十五）年十一月十八日、伊東信雄（当時は東北学院大学史学科教授）の講義の一幕である。

＊　＊　＊

伊東「多賀城以前に国府の存在した可能性を考えたい。東北の古代寺院、腰浜廃寺、借宿廃寺、伏見廃寺などの瓦を見ると、そう考えられる。

腰浜廃寺は福島県福島市にあり、素弁八葉蓮華文軒丸瓦と重弧文軒平瓦が出土している。この素弁の瓦は寺町廃寺（岡山県三次市）の瓦に類似している。寺町廃寺は備後国にあり、『日本霊異記』に登場する百済の僧侶が建てた三谷寺であるとされている。岡山県下でも最も古い寺院である（現在は賞田廃寺や秦原廃寺、栢寺廃寺などさらにさかのぼる寺院跡が確認されつつある）。したがって腰浜廃寺の瓦は奈良朝以前の瓦である。

借宿廃寺は福島県泉崎村にある。近くに白河郡家とみられる関和久遺跡がある。借宿廃寺からは塼仏《せんぶつ》が出土している。塼仏は奈良時代の寺院からは出土していないので、七世紀後半のものと思われる。借宿廃寺の軒丸瓦は複弁六葉蓮華文軒丸瓦で、清水台遺跡（福島県郡山市）、夏井廃寺（福島県いわき市）、角田郡山遺跡（宮城県角田市）からも出土している。多賀城からは出土していない。

また宮城県の北部にも仏教が早く入っていたことが考えられる。古川市東大崎（現大崎市）にある伏見廃寺である。佐々木茂禎君が発掘する以前に法輪寺系の瓦を採集している。法輪寺は法隆寺の焼失後に建てられた寺院である。発掘すると複弁蓮華文と素弁の軒丸瓦が出土する。この素弁の瓦と類似したものが伏見廃寺から出土している。この伏見廃寺の瓦と腰浜廃寺の瓦は並ぶものと考えられる。多賀城や陸奥国分寺以前の瓦であることは間違いない。

七世紀後半には陸奥国には仏教が入っている。仏教が民間に普及するのは鎌倉時代以降であって、国家がかかわっている。

東北地方南半ではかなり早くから律令制が入っている。磐城評などは六五三（白雉四）年に成立と風土記にはある。評里の体制が成立するのは大宝以前である。六九六（持統十）年の庚丙年籍は造られていたのではないかと思う。

そうなると陸奥国では多賀城創建までの国府はいったいどこにあったのかが不明である」

学生「先生、最近調査の始まった郡山遺跡はどうなのですか」

伊東「コオリヤマというと郡衙のあったところといわれているが、出土している遺物を見ると短期間しか使われていない。名取郡家としては疑問だね。君はどう思うのかね」

＊　＊　＊

伊東の視点は軒丸瓦の文様から、国分寺や多賀城より古い寺院や役所の存在を指摘したものである。寺院だけが先行するものではなく、末端の官衙、それを統括する国府の存在を探っていた。

この時点では郡山遺跡には二時期の役所があるらしいことと、土器類の年代から七世紀後半から八世紀初頭頃の多賀城創建以前にさかのぼることは考えられていた。この遺跡の永くつづく発掘調査の始まりである。

3　古代史の足跡から

郡山の地を語る古代史の記録はまったく残されてはいない。それが多賀城や胆沢城など正史に残された東北地方の城柵とのちがいである。しかしその痕跡やおぼろげながら活動の一端を示す記載はある。正史に残された古代史からその足跡を確認しておくことにしよう。

東北地方の古代史を語る上で阿倍比羅夫の遠征は有名かつ欠かせないものである。越国の国守である阿倍比羅夫は六五八（斉明四）年から六六〇（斉明六）年にかけて、飽田、津軽、渡島に遠征している。二回から三回の遠征記事のようだ。そのなかに「道奥与越国司」という記述がある。まさに「みちのく」であり、後の陸奥のことであろう。この時期にすでにクニとして成立していた可能性がある。

また六七六（天武天皇五）年に「国司は畿内と陸奥、長門の国を除き、大山の位以下のものを任ぜよ」という記述がある。大山位はのちの従六位から正六位の官位に相当する。当時の政治の中心地と北と南の要所を重視したかなり具体的な記述である。

さらに七一五（霊亀元）年「蝦夷である須賀君古麻比留らが、先祖より昆布を採り収めているが、国府郭下より遠いので、閉村に郡家を建ててほしい……」という記載がある。国府があり郡家の存在を示す記事であろう。

しかしこれらの『日本書紀』や『続日本紀』の記事は潤色されているという批判もある。評とい

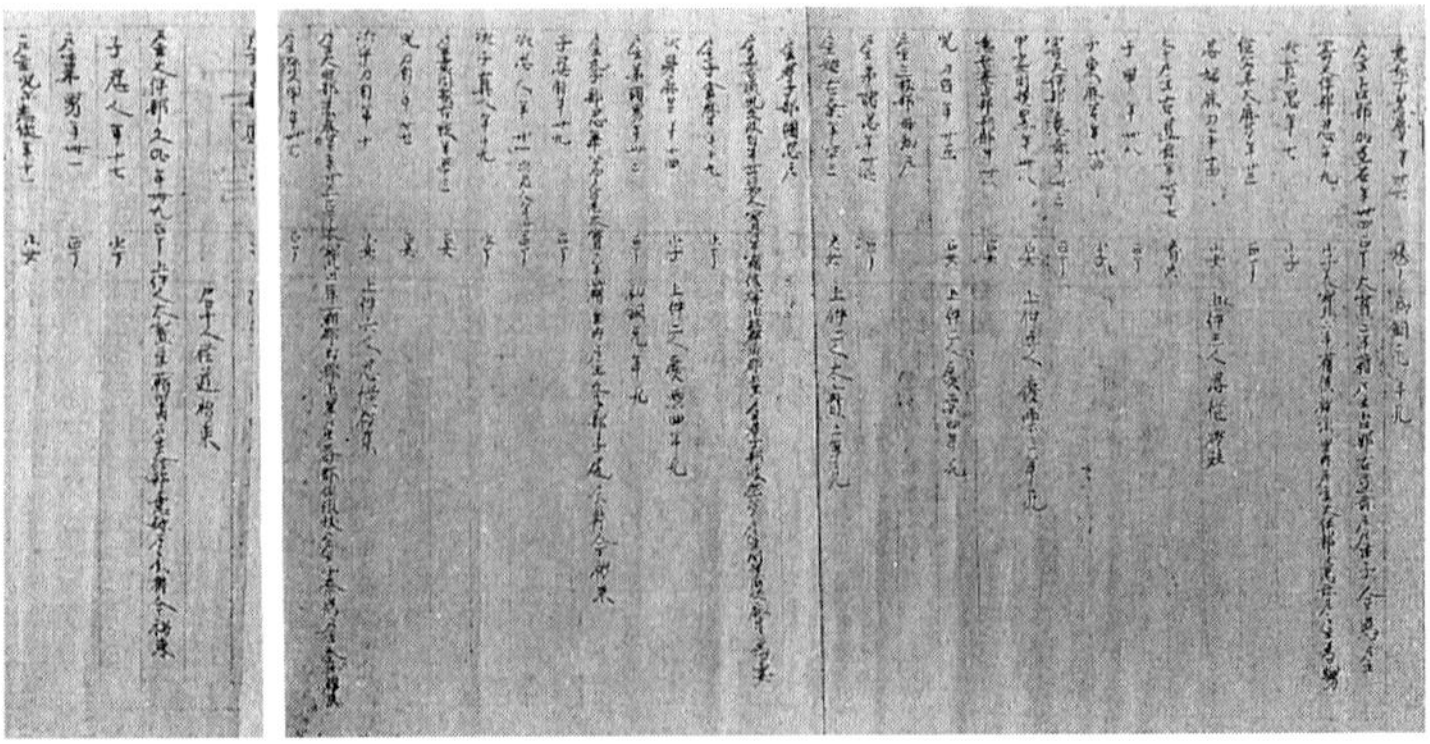

図 2　陸奥国戸口損益帳（宮内庁正倉院事務所蔵）

う文字が郡に書き換えられていたことは、木簡の出土と研究から明らかになっている。だがこれらの記述に含まれる陸奥国や国司、あるいは国府の存在自体を否定することは、次のことからむずかしいと考えられる。

東大寺正倉院に伝わる「陸奥国戸口損益帳」といわれている文書がある。陸奥国印が押印された、戸籍作成時の関連資料である。七〇八（和銅元）年頃に作成されたといわれている。名前、年齢、税制上の扱い、備考欄といった順番で書かれている。その中に、

　戸主占部加弓石　年卅四　正丁　太宝二年籍
　戸主占部古弓弥戸戸主子、今為戸主
　寄大友部忍　年九小子　太宝二年籍後、移出
　里内戸主大伴部意弥戸、戸主為甥

など七〇二（大宝二）年の段階で戸籍を造っていることを示している。陸奥国の中のどこの地域で

の戸籍の資料なのかは明らかでないが、国郡里という地方組織が存在しなければ戸籍など造ることはできないのである。何といっても陸奥国印というのが象徴的である。

これらのことは、七〇二（大宝二）年の時期に陸奥国のなかで統治組織ができ上がっていたことを示している。

しかし、一九七九（昭和五十四）年に始まった郡山遺跡の発掘調査により、右のようにこれまで史料によってしか見ることができなかった東北の七世紀史の一断面を、考古学の側面からがうかがえるようになってきたのである。

I　集落の形成

1　古い竪穴住居跡の発見

郡山遺跡は地表から六〇センチから一メートル掘ると、黄褐色の粘土質シルト層が出てくる。すべての地点で同じではないが、六、七割はそのようである。その地面の上っ面を、私たちは遺構検出面とよんだり、地山とよんだりしている。各種の道具――スコップ、草削り、移植ベラ、ステーキホー、カッツア――を使い、その地面を平坦にしていく。ちょうど地面に鉋をかけるような要領である。力もいるし神経も使う。そこで浮かび上がってくるのが、昔の人間が掘った穴の跡（考古学の用語では遺構）である。埋め戻されているものや時間をかけて徐々に埋まってしまったものなど、いろいろであるが、黄褐色の地面のキャンバスに不規則に見えてくる。かならずしも一つ一つ見えてくるのではない。長い時間をかけてその場で活動した人間が地面を掘り起こしているので重なっている。同じ場所が二度、三度と掘り返されている場所も多い。その場合も穴が二個、三個と重なって見えてくる。順番もつけることができる。

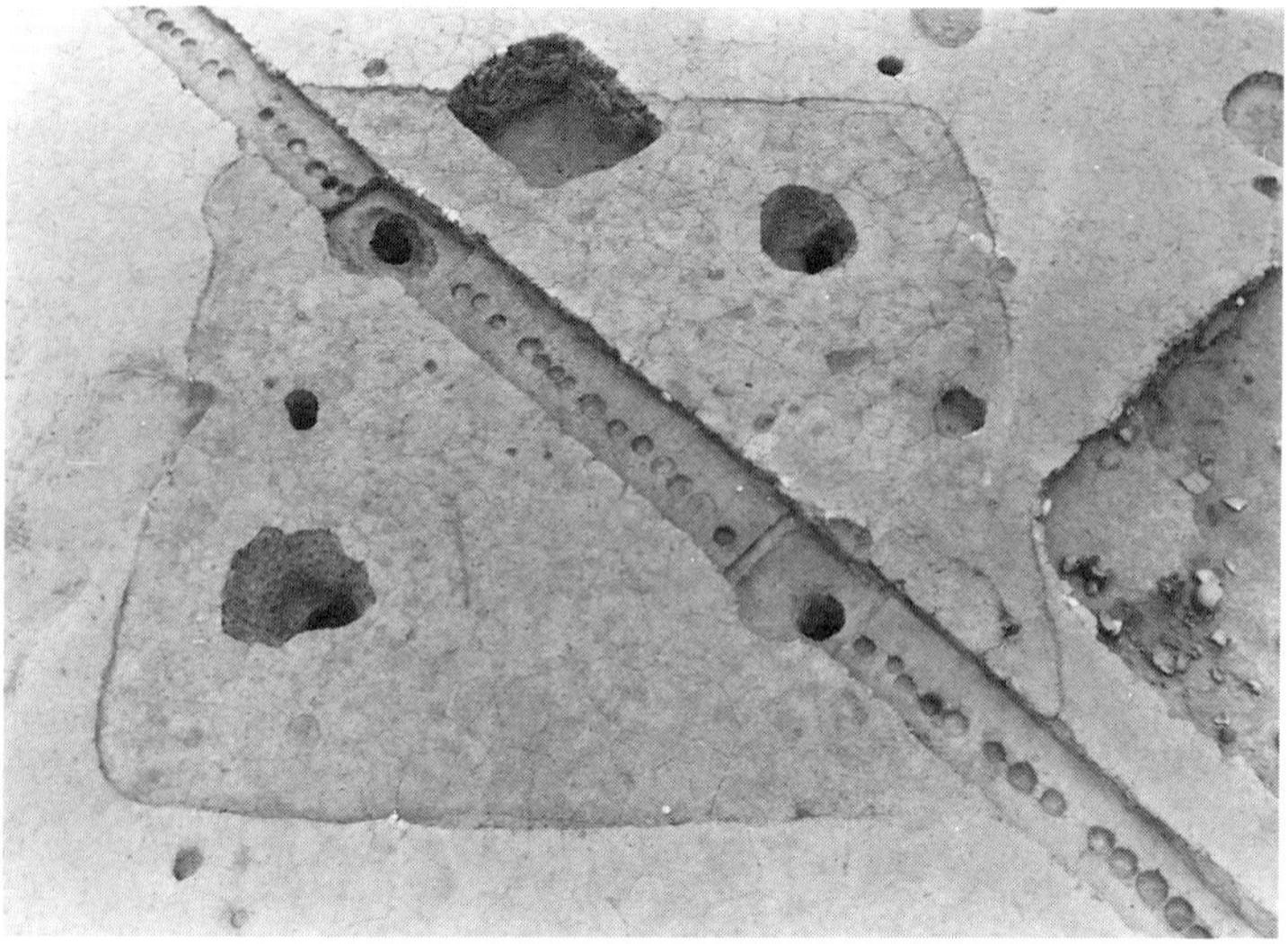

図3　Ⅰ期官衙より古い住居跡

この重複を考古学では切り合いとよんでいる。厳密な検討が必要であり、これを誤ると大きな誤りに繋がっていく。

郡山遺跡の官衙の造られた時期の穴（遺構）は、北極星を北に見て西に六〇度程振れた方向に建物や塀の穴が揃えて掘られている。これが一時期目の官衙《かんが》の遺構で、「Ⅰ期官衙《いっきかんが》」とよんでいる。それらの穴を切るように——壊すように——北極星の方向、真北《しんぽく》に沿った建物や塀の穴が掘られている。これが二時期目の官衙の遺構で、「Ⅱ期官衙《にきかんが》」とよんでいる。これらが重なり合っている。

ところがⅠ期官衙やⅡ期官衙の穴——ここからは遺構とよぶ——、遺構に切られる竪穴住居跡が発見されている。郡山遺跡の中心部に限られているが、七軒ほどある。そしてこれらの住居跡のうち、生活に使われた土器が複数出土しているのは四軒である。

図4　鬼高系土師器

これらの土器を見ると、とりわけ土師器《はじき》に特徴がある。I期、II期官衙の土器とは形態もちがうが、作り方、調整もちがっている。

本書のコラム「黒い土器」にあるように、東北地方の土師器は内面が黒く仕上げられている。焼き上げる前にはヘラミガキという手法で内面が磨かれている。官衙より古い住居跡から出土する土師器は、図4にあるように土器の口の部分（口縁部）が内側に折れているが、直立気味になっている。また内面がヘラミガキされずに、ナデという手法で焼成前に器面を刷毛状の工具で撫でている。また黒漆により着色されているものもある。これらの土器は、出土した当時は東北地方の六世紀代頃の土師器とする見解が優勢であった。しかし現在は関東地方の影響を受けたものとして認識されている。以前に千葉県内の印旛郡栄町向台遺跡、同大畑台遺跡、佐倉市大崎台遺跡などから出土している土師器と比較したことがある。郡山遺跡の土師器を大崎台遺跡から出土した土師器のなかに並べると、見た目だけでは分離できない状況であった。

関東地方から直接来た人びとがいたということなのだろうか。これらの土師器は、内面が東北地方の土師器の作り方であるヘラミガキが入れられたり、黒色処理されるなど、東北の様相が添加されてくる。また黒色処理された東北地方の土器とともに出土（考古学の用語では共伴という）したりするようになる。おそらく関東からの移動してきた人びとの第一世代から第二世代への変化や、婚姻などによる生活形態の変化、移民のルーツであったところの地域性など土器をめぐる複雑な要素が反映されているのであろう。

これらの土器は今のところ七世紀の半ば過ぎ、I期官衙の機能している時期までは特徴を留めながら使われていたとみられる。

2　区画された集落

ではなぜこのような竪穴住居が存在するのだろうか。発見された当初は官衙の造営にかかわるとの見方をしていたが、変更を余儀なくされつつある。それは郡山遺跡の西に接する西台畑遺跡や長町駅東遺跡の発掘調査が進んだことによる。この地域は、大規模な区画整理事業により「あすと長町」という、新しい街が創られている。その事前調査により、思いもかけなかった発見がつづいているのである。

旧ＪＲ、さかのぼると国鉄の頃からの貨物駅のあった地区で、長町駅東遺跡という遺跡が平成になってから発見された。その土地は一九一八（大正七）年から貨物駅として使われてきた。長く国

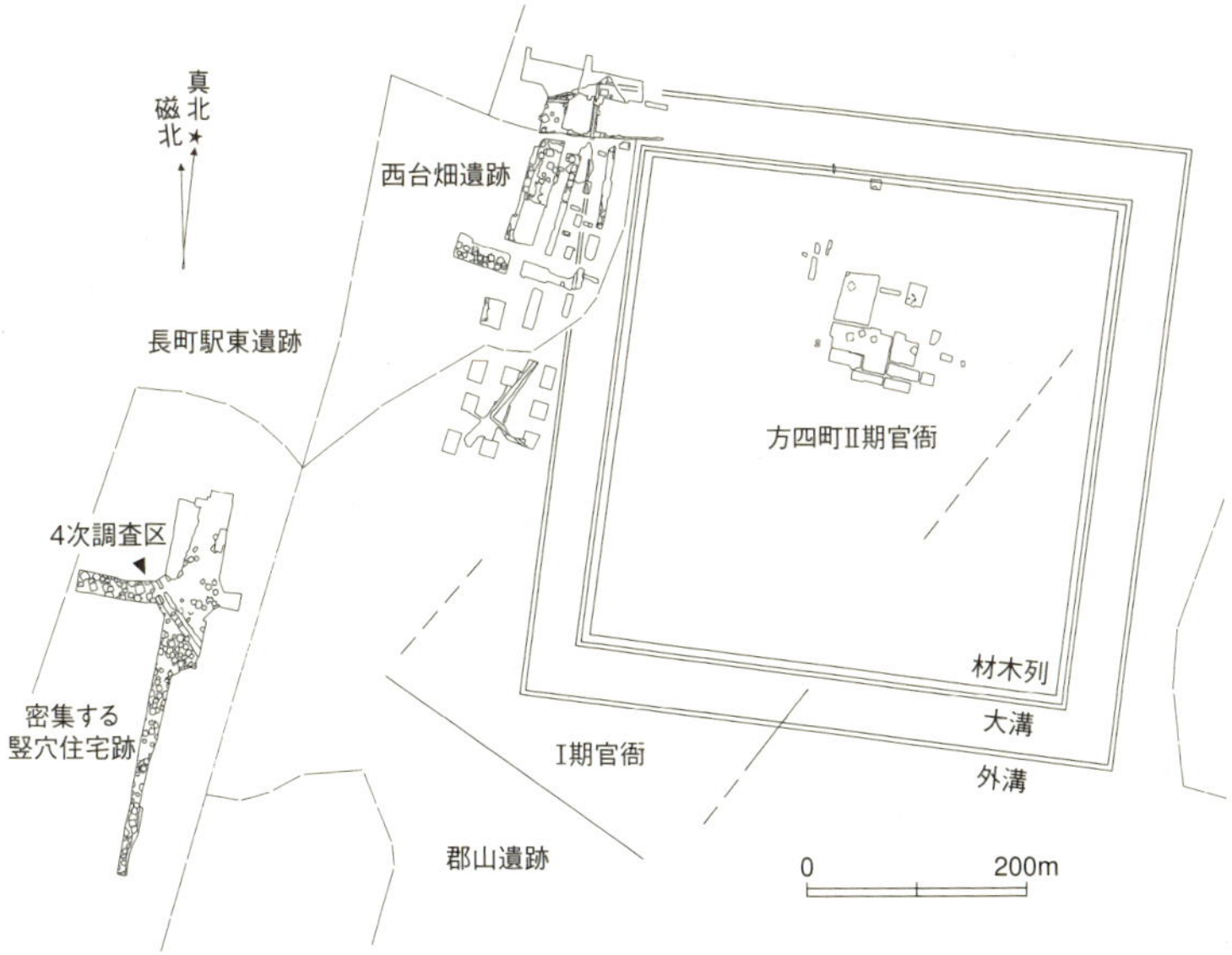

図5　郡山遺跡、西台畑遺跡、長町駅東遺跡

鉄の施設であったため、撹乱（新しい穴により削平されたり、かき回されている状況をいう）により大規模な遺跡の存在は予想されていなかった。しかし、試掘調査を実施すると、数多くの竪穴住居跡が発見されたのである。

長町駅東遺跡から発見された竪穴住居跡は、二七〇軒程である。現在全体の整理作業が進められつつあるが、今のところ明らかになりつつある概要は次のような内容である。

集落が作られるようになったのは六世紀の終わりから七世紀の初め頃で、古墳時代の東北地方南半の土師器を使っていた人びとである。言い換えるなら周辺地域と変わりない集落である。そこに溝や材木列、一本柱列などの区画施設が作られ、前述した関東地方の特徴を有する土師器を使用した人びとの竪穴住居跡が増えてくる。おおむね七世紀の中頃を中心としているが、官衙以前にさかのぼることは確実である。区画施設の溝跡から出土している遺物の年代により、七世紀前半代からと考えられている。隣接する西台畑遺跡の住居跡を含めると総数四〇〇軒以上である。

ここで注目されるのは、密集する竪穴住居群と通路状遺構を含む区画施設である。竪穴住居跡は同じ場所に何回も建て替えられており、六回に及ぶところもある。長期間にわたって意識的に住みつづけられたものであり、隣接する竪穴住居との空間も決して広いものではなかったと推測される。これらの住居がなくなるのは八世紀の中頃と考えられている。

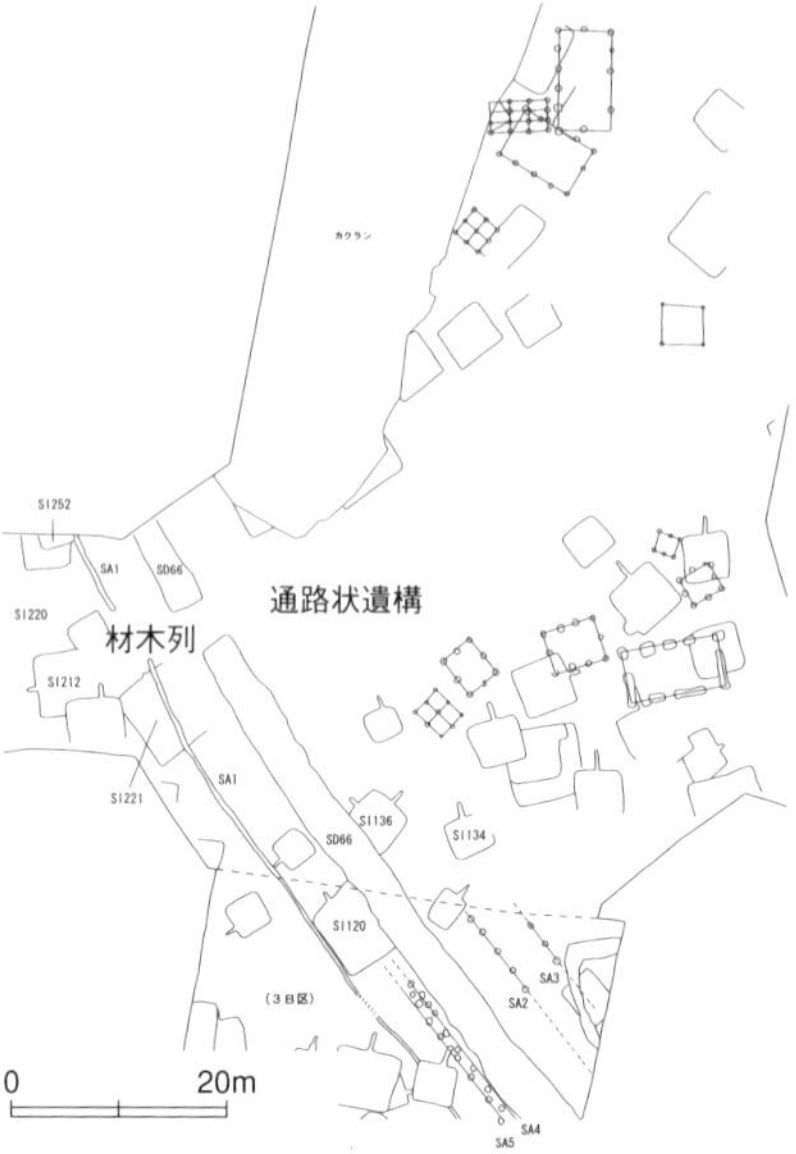

図6　長町駅東遺跡4区

区画施設は溝跡の他に、材木列、一本柱列などの塀跡によって構成されている。溝跡と塀跡はセットになっていた可能性が高い。一本柱列の塀から材木列の塀に建て替えられたようである。

これらの区画施設で特徴的なのは、溝跡に未開削部分があり、それに沿い材木列の塀跡も途切れていることである（図6・7参照）。通路状になっており、その西側は住居跡が密集し、東側では幅一五㍍にわたり遺構のない空間がある。その両側には向かい合うように竪穴住居跡や小規模な掘立柱建物跡が配置されている。通路状遺構の前面が「道路」のような使われ方をしていたと想定

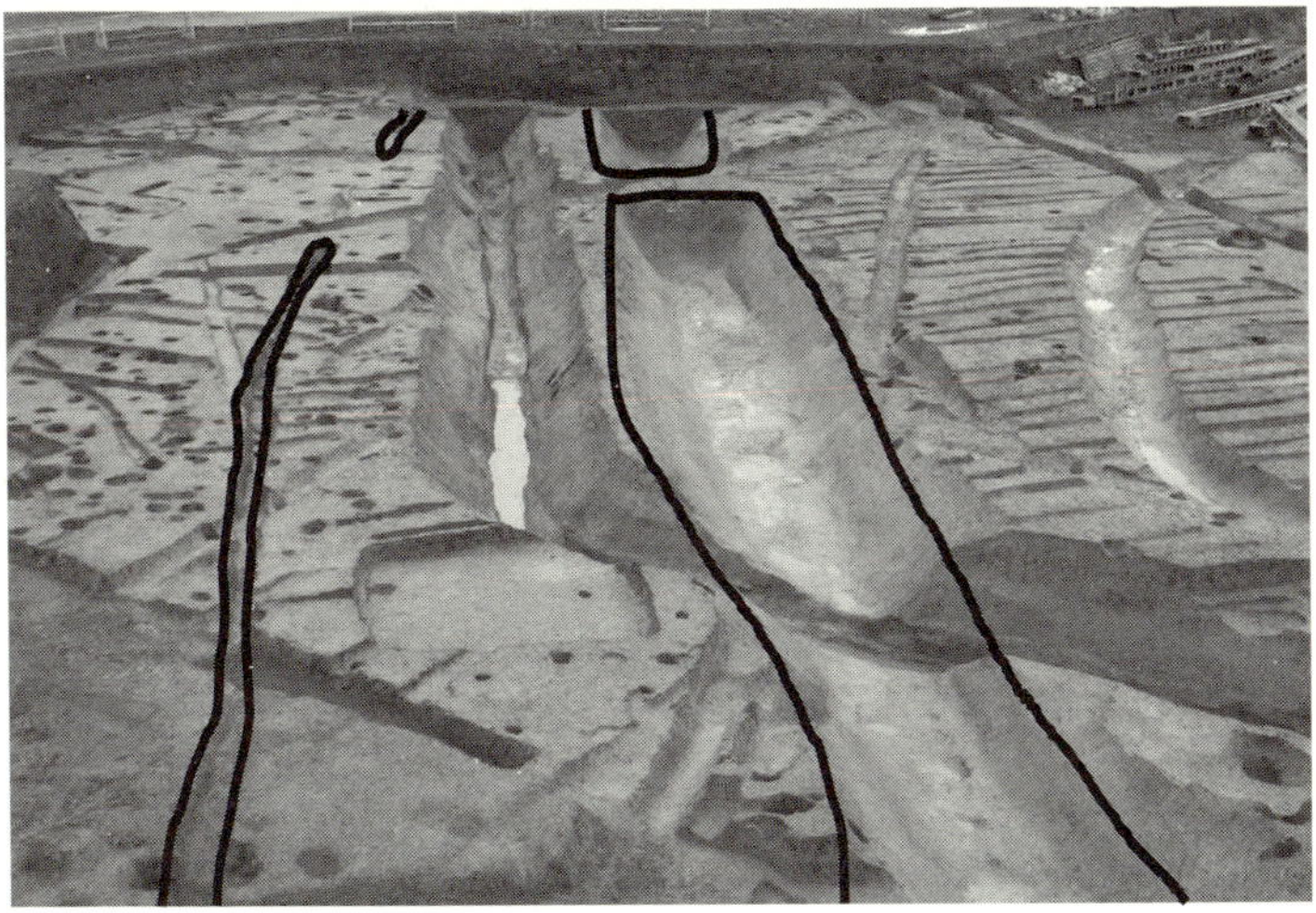

図７　長町駅東遺跡の区画施設

される。やや蛇行するように官衙のある東に向かっている。

このような区画をともなう集落は、東北地方南半部のおもに阿武隈川以北で発見されている。宮城県の内陸部中央の一里塚遺跡（大和町）でも、比較的規模の大きい溝跡と材木列により区画されたなかに、掘立柱建物や竪穴住居が配置されている。七世紀後半から八世紀前半とみられている。同じく海岸部の赤井遺跡（東松島市）からも、大溝と材木列による区画施設をともなう七世紀後半から末頃の集落が発見されている。

この他にも宮城県内では南小泉遺跡（仙台市）、権現山遺跡（大崎市）、三輪田遺跡（同上）、山王遺跡（多賀城市）、十郎田遺跡・窪田遺跡（蔵王町）などでも同じような区画施設をともなった集落が発見されている。これらに注目した村田晃一は「官衙造営環濠集落」と呼称し、土器のあり方

図８　長町駅東遺跡の住居跡

から坂東や陸奥国南半からの移住者が主体の集落と考えている。さらに村田は山王遺跡や市川橋遺跡（ともに多賀城市）出土の関東系土師器を須恵器坏の模倣形態ととらえ、仙台平野を中心とする各遺跡出土の同種の関東系土器と須恵器に詳細な検討を加えている。

仙台平野では区画施設のある集落以外にも、下飯田遺跡や栗遺跡（ともに仙台市）からこの種の関東系土師器が出土している。私はこれらの土師器が、関東地方の古墳時代の土師器である鬼高式の形態が反映しているとする見方から、「鬼高系土師器」とよび、本来「関東系土師器」とよばれていたものと区別している。

城柵が造られる前の鬼高系土師器が出土する集落はいったい何を意味しているのだろうか。これらの考古学的な成果を取り上げた熊谷公男は、区画施設をともなう集落も「柵」と見るべきだという見解を提示している。本来「柵」というと、奈良時代以降の多賀柵、玉造柵（大崎市名生館官衙遺跡）、新田柵（大崎市新田柵跡）、牡鹿柵（東松島市赤井遺跡）など、区画施設を備えた官衙的施設と見るのが通常である。熊谷は集落でも区画施設をともなうものは「柵」に含まれるとし、桃生城（石巻市飯野）や伊治城（栗原市城生野）などは、居住域の取り込まれた発展形態ととらえている。たしかに「柵戸」（日本書紀大化三［六四七］年）、「柵養蝦夷」（日本書紀斉明元［六五五］年）という呼称があり、傾聴すべきことである。

次に、東北地方の古墳時代から奈良時代にかけて、考古学的成果を踏まえ検討してみることにする。

3　移民の意味するもの

区画施設をともなった集落に住む人びとは、どのような人びとだったのだろうか。

発見されている地域は、仙台平野南端の阿武隈川以北がほとんどで、以南ではごく限られている。宮城県北部まで確認されているが、仙台平野が数的に多い。このことを論じた長谷川厚は、鬼高系土師器が千葉県印旛沼周辺の土師器に酷似することを指摘している。また村田は千葉県印旛沼周辺との間の交流圏が形成されていたとする論考を示している。たしかに郡山遺跡の官衙成立以前の竪穴住居跡から出土した鬼高系土師器を千葉県内の遺跡出土の土師器と比較すると、特徴を同じくしていることは前に述べた通りである。仙台平野と関東の沿岸部との交流は七世紀前半代から行

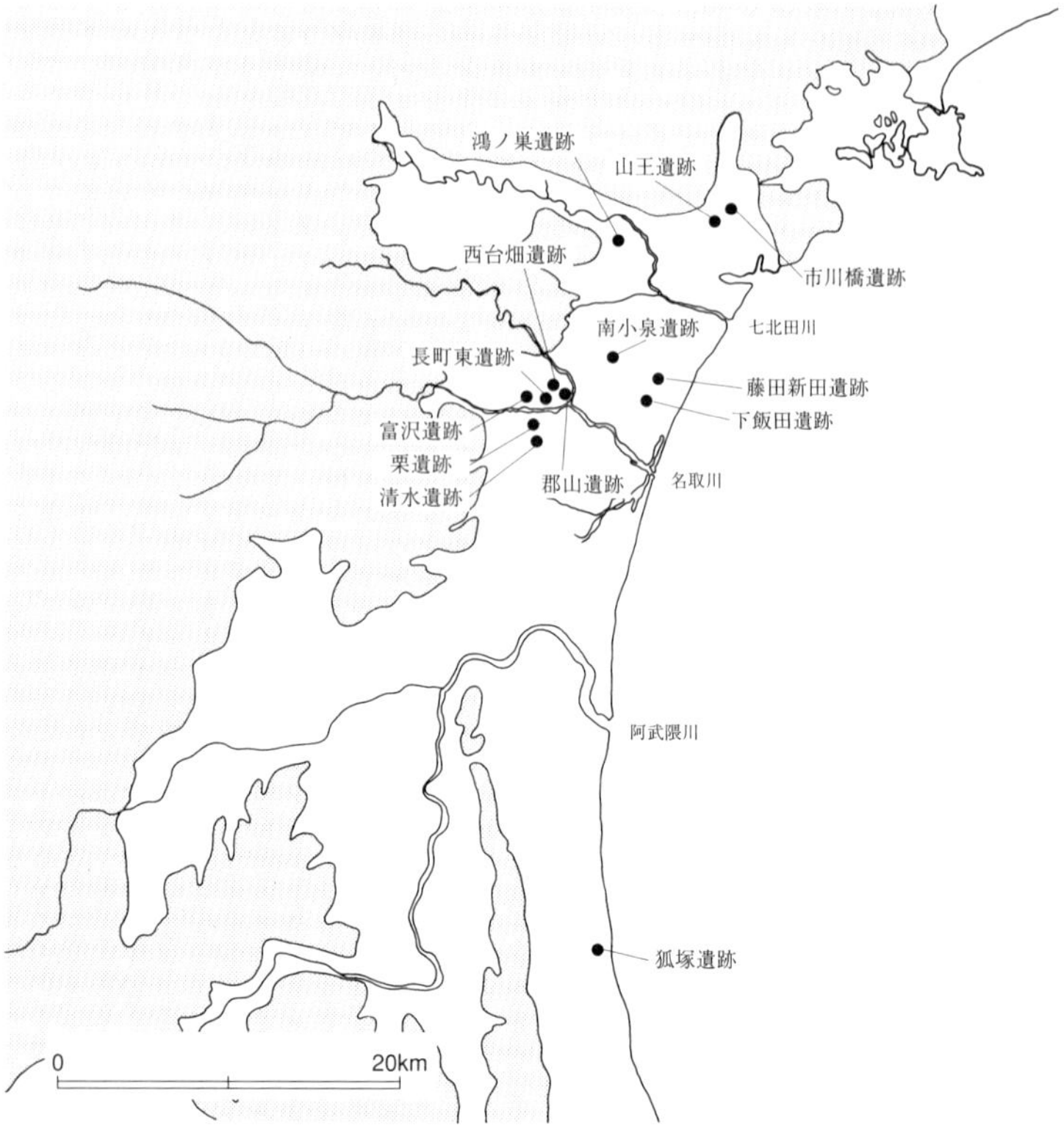

図９　鬼高系土師器の集落

われていたのである。

これらは移民、移住といわれている。この関東地方の土師器を有する人びとの流入と周辺への派生は、考古学の立場から見ると大きく二時期に分かれる。一つは七世紀半ば以前からの鬼高系土師器をもった人びとの流入、もう一つはいわゆる当初より関東系土師器と呼称されていた、半球形丸底の坏を含む土器群をもった人びとの流入である。

前者の鬼高系土師器をもった人びとの流入ついて、東松島市赤井遺跡と矢本横穴墓群の土器や横穴墓の形態を検討した佐藤敏幸は、関東上総地方からの移住のあった

図10　関東系土師器

ことを考えている（佐藤の呼称では関東系土師器A群集団）。さらに文献史学の成果を引用し、牡鹿地方の有力豪族で後に道嶋氏と名のる丸子氏と、これらの土器を所有した集団との関連を示唆している。これは古墳時代後期のできごとであり、一定の勢力を保持した関東の豪族主導による移民を示していると考えられる。

　仙台平野にも同様の移民（移住）の存在した可能性が考えられる。そして鬼高系土師器に東北地方の土器様相を転化しながら、「変化」し「在地化」していくと筆者は考えていた。さらにこれまでの研究動向からも、現在の千葉県を中心とした地域からの移民と考えていたのである。しかし近年、東関東の鬼高式土師器を検証した松本太郎は、千葉県域には限らず茨城県域の中・南部を中心とした広い範囲からの移住を考えるべきだと指摘している。

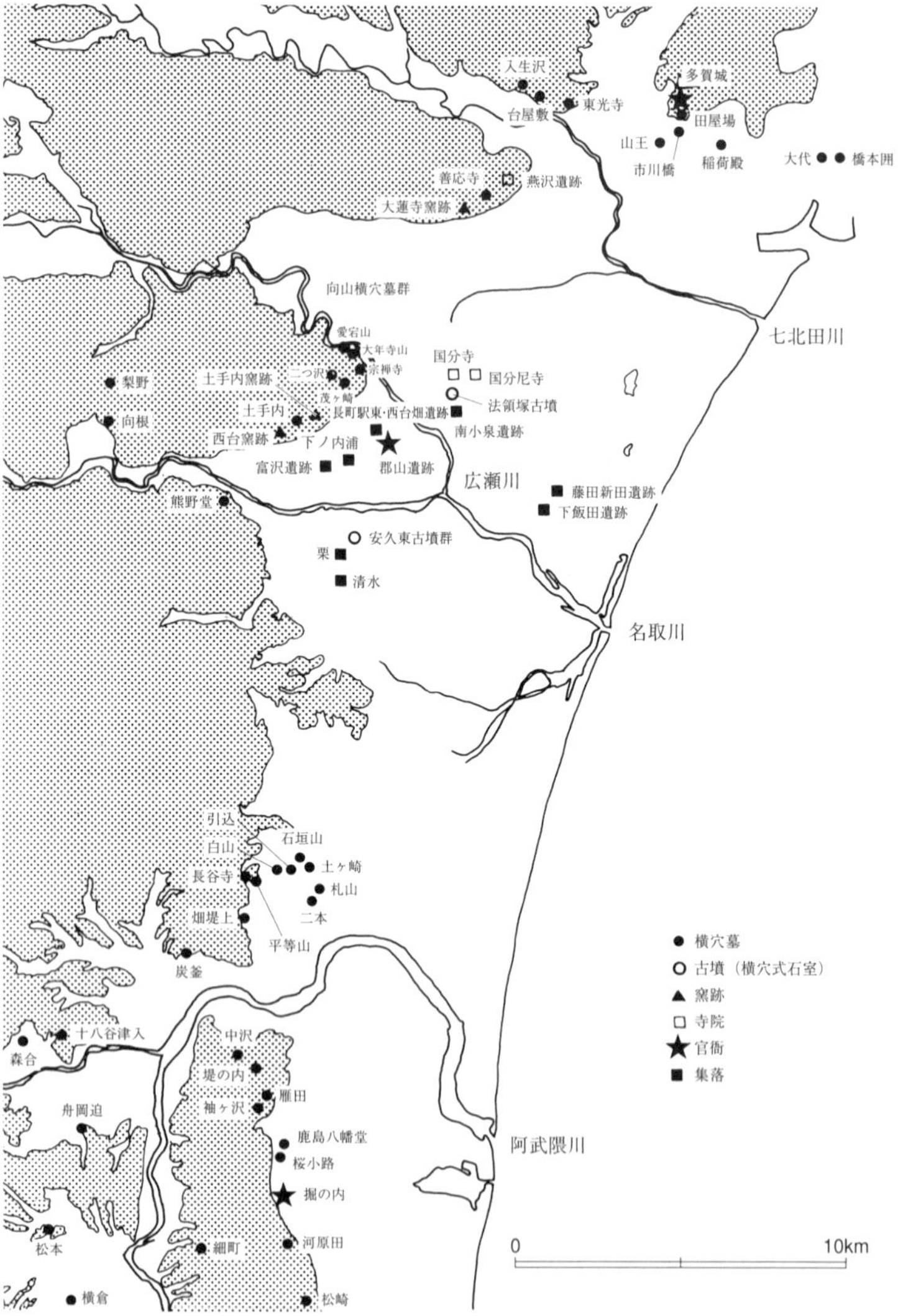
入生沢
多賀城
台屋敷
東光寺
田屋場
山王
市川橋
稲荷殿
大代
橋本囲
善応寺
燕沢遺跡
大蓮寺窯跡
向山横穴墓群
七北田川
愛宕山
大年寺山
二つ沢
宗禅寺
国分寺
国分尼寺
梨野
土手内窯跡
茂ヶ崎
法領塚古墳
土手内
長町駅東·西台畑遺跡
向根
西台窯跡
下ノ内浦
南小泉遺跡
富沢遺跡
郡山遺跡
広瀬川
熊野堂
藤田新田遺跡
下飯田遺跡
安久東古墳群
栗
清水
名取川
引込
石垣山
白山
土ヶ崎
長谷寺
札山
二本
畑堤上
平等山
炭釜
十八谷津入
森合
中沢
堤の内
雁田
袖ヶ沢
舟岡迫
鹿島八幡堂
桜小路
堀の内
阿武隈川
松本
細町
河原田
横倉
松崎
0
10km
横穴墓
古墳（横穴式石室）
窯跡
寺院
官衙
集落

図11　周辺の遺跡

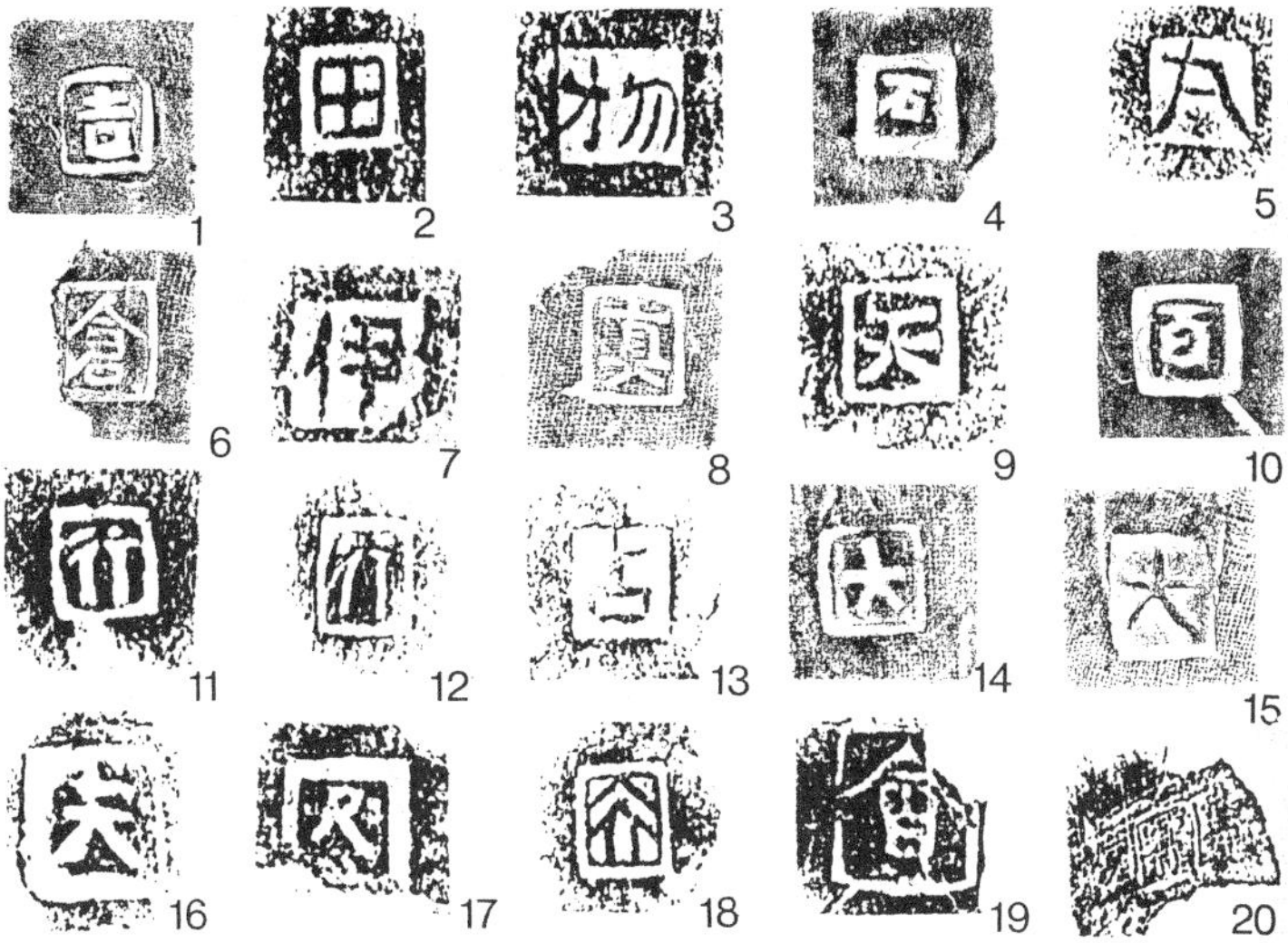

図12　文字瓦

　これを別な形で投影しているのが仙台平野の墳墓の様相である。横穴墓が数多く作られることと、数は少ないが関東地方内陸部の特殊な石積みの古墳の出現である。

　郡山遺跡から北に二・五キロ、大年寺山とよばれる小丘陵がある。この丘陵を取り囲むように愛宕山横穴群、大年寺山横穴群、宗禅寺横穴群、茂ヶ崎横穴群など、総数で一〇〇基以上の横穴墓が確認されている。これらのなかの一部は七世紀前半代からの造営といわれている。区画のある集落である長町駅東遺跡や、郡山遺跡に人びとが住み始めたこととの関連が考えられる。

　横穴墓の内部を見ると、近接していているものでも形態がかなり異なっている。台床というベット状の高まりが奥壁に沿って一つのもの、通路を挟んで二つのもの、そのような施設がなく礫をしいたもの、壁に彩色のあるものなど多種多様である。全国の横穴墓を研究した池上悟によれば、大年寺山横穴群、宗禅寺横穴群の開始時期は、六世紀末葉までさかのぼるという。今後、出土遺物による追検証が必要であるが、鬼高系土師器や横穴墓の発生を含めた多方面からの地域的なとらえ方が必要と考えている。

古墳時代後期の土器や横穴墓から見た様相は、有力豪族のもとに組織された移民の可能性が強い。彼らは氏族間での結び付きを残しながら、陸奥国のなかで生き延びていくと考えられる。

奈良時代になり国分寺の造営時に、瓦作りを陸奥国内で分担した痕跡が、瓦に押印したスタンプ状の文字に残されている。国分寺から遠い、会津や行方など現在の福島県域の郡名の「曾」、「行」などはスタンプ状の刻印として残されているが、仙台平野の中心部に位置する宮城郡や名取郡を示す文字瓦は出土していない。むしろ国分寺や国分尼寺、瓦を生産した神明社窯跡（台原小田原古窯跡群）からは、「物」、「伊」、「丸」、「吉」など氏族名に由来すると考えられるものの出土が多い。

奈良時代の七六九（神護景雲三）年、陸奥国内の郡司クラスとみられる者たちの改姓の記事のなかに、

…名取郡人外正七位下吉弥侯部老人、賀美郡人外正七位下吉弥侯部大成等九人上毛野名取朝臣、

…新田郡人外大初位上吉弥侯部豊庭上毛野中村公、

…玉造郡人外正七位上吉弥侯部念丸等七人下毛野俯見公。…

など、地域の首長クラスに関東地方の豪族との関連を示す名称が下賜されている。これらの陸奥国内でのできごとが七世紀前半から始まる移民の延長線上にあるのではないだろうか。

コラム

黒い土器

「えっ、これ七世紀なの」。関西地方の研究者の第一声である。先程から何度も登場する土師器を見ての驚きである。土師器とは野焼きで焼き上げられた土器の名称で、坏、甕、高坏、甑など、今でいうと椀、鍋、高台付皿、蒸し器といった生活雑器に使われたものである。

東北地方の土師器は六世紀の後半以降、内面が黒く焼き上げられている。「内面黒色処理」とよばれており、なかには両面が黒色処理されているものもある。焼き上げる前にミガキという手法で、器面をていねいに磨き上げられている。地中より出土した際には光沢を発するようなものもある。全国的にはきわめて稀で、東北地方独自の作り方といってもよい。九世紀後半に「赤焼土器」が作られるようになるまでは、黒色処理された土師器が作りつづけられる。

焼き上げる際にオガクズやモミガラを用いて、燻し焼きのように仕上げると、このようになるという。炭素の幕によりコーティングされた状況になるため、素焼きの土器より水漏れしにくくなると考えられている。後になると関東でも同じようなものが多く作られるようになる。

政治的には東北地方が律令国家の範疇に取り込まれていくが、土器作りの技術では逆に西に広がっていく。技術が政治の動きとは連動していない側面である。政治は東に進むが文化は西へ入り込むことがあるということだろう。

この黒い土器、意外なところからも出土している。七世紀後半に宮都の置かれていた明日香地方の飛鳥石神遺跡から出土しているのである。七世紀の中頃から八世紀のごく初めくらいの時期の土師器とみられる。黒色処理の仕方や形態の様子からは、東北地方南半のものと考えられる。『日本書紀』には、

> 斉明三年（六五七）蝦夷が二百人あまり、朝廷に参上しものをたてまつった。常にもまして饗応され種々のものを与えられた。
>
> 斉明五年（六五九）甘檮丘の東の河原で須弥山を造り、陸奥と越の蝦夷を饗した。
>
> 持統天皇二年（六八八）蝦夷の男女二百十三人が飛鳥寺の西の槻木の下で饗を賜った。冠位を授けてそれぞれにものを賜った。

など、東北地方の蝦夷が飛鳥地方に足を踏み入れた記録が残されている。今泉隆雄は、東北地方で製作された内面黒色処理の土師器が出土していることは、飛鳥石神遺跡が蝦夷の服属儀礼を行った須弥山の園池に当たることを裏づけていると指摘する。

またこの黒い土器、四国香川県の大川郡寒川町、森広遺跡や坂出市の讃岐国府跡からも出土している。四国地方の土師器とはまったく異質であるという。人の移動をうかがわせる資料である。

東北地方の蝦夷とよばれる人びとのなかで、中央政府に服さなかった人びとを「俘囚《ふしゅう》」という。関東以西に移住させられることがあり、『続日本紀』の神亀二年（七二五）閏正月の条に、

> 陸奥国の俘囚百四十四人を伊予国に配し、五百七十八人を筑紫に配し、十五人を和泉監に配す。

とある。四国に東北の人間が移配されているのである。また、律令の施行細則を定めた『延喜式』の「主税式上」には、三十五カ国に俘囚が配されていたことが記されており、国家は俘囚料として財政の負担をしていた。全国の遺跡のなかからこの黒い土器の報告がなされることを期待している。

Ⅱ　最古の城柵

1　Ⅰ期官衙成立

太平洋に注ぐ名取川河口から舟でさかのぼること六キロ、名取川とその支流の広瀬川の合流点付近から、山を背にした官舎群が材木列（塀）に囲まれ、横長に建ち並ぶ、それがⅠ期官衙のできた頃の風景である。

造られたのは七世紀の中頃、真北から東に三〇度程振れた方向を基準に造られている。桑原滋郎は、Ⅰ期官衙の様相が明らかになるにつれ西に六〇度振れたと理解すべきとの考えを示している。名取川と広瀬川の合流点方向を向く官衙として成立したと理解される。私たちがⅠ期官衙とよぶ役所には、中枢部、倉庫、工房、雑舎、そして空き地などがある。非常に倉庫が多いのが特徴で、中枢部のなかにも倉庫の形態をした総柱建物が取り込まれている。

Ⅰ期官衙が造られた時期を七世紀の中頃としたが、出土している土器で見ると前半代にさかのぼる可能性がある（第15図参照）。鬼高系土師器を出土する古い集落を取り壊すように造られてお

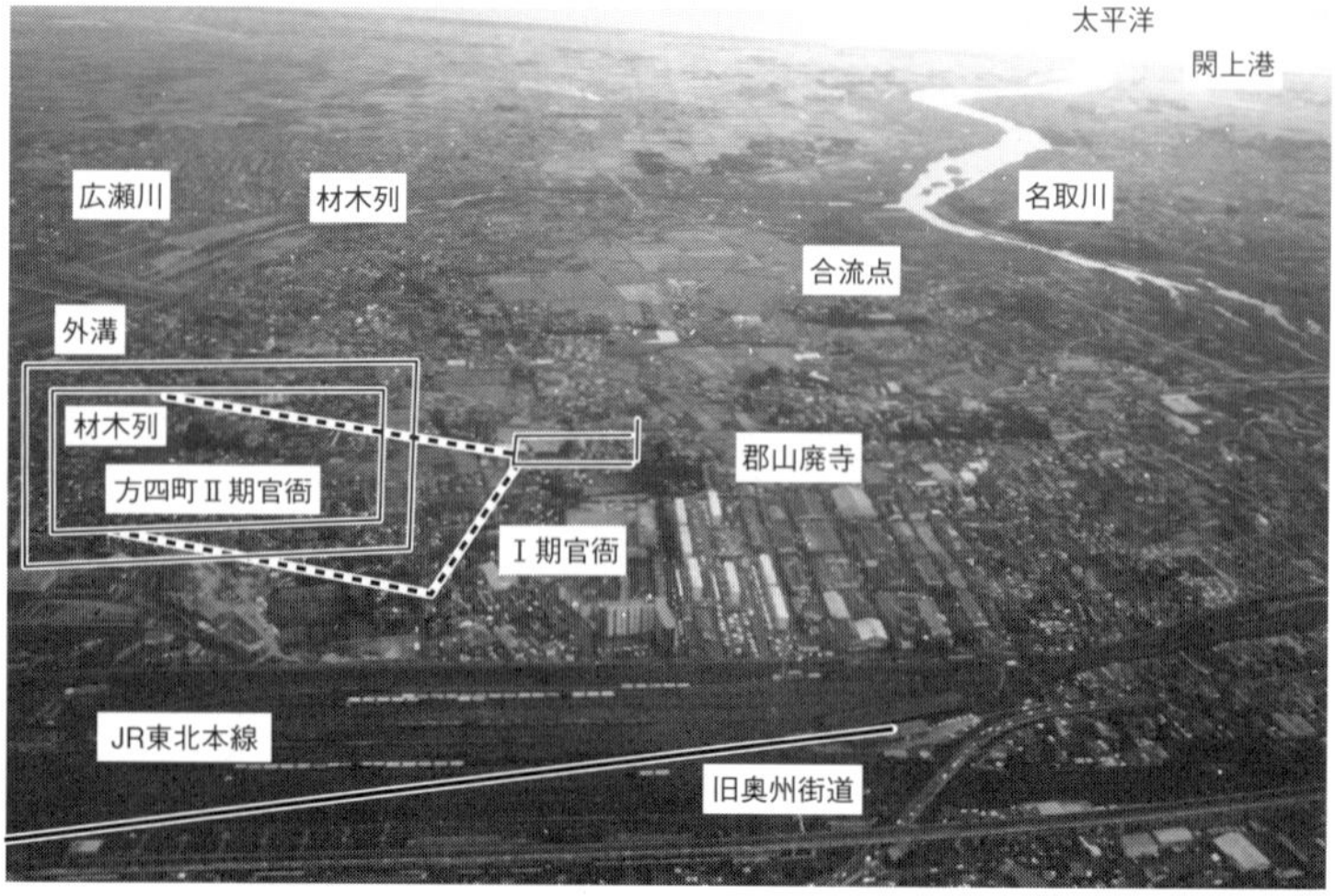

図13　Ⅰ期官衙航空写真

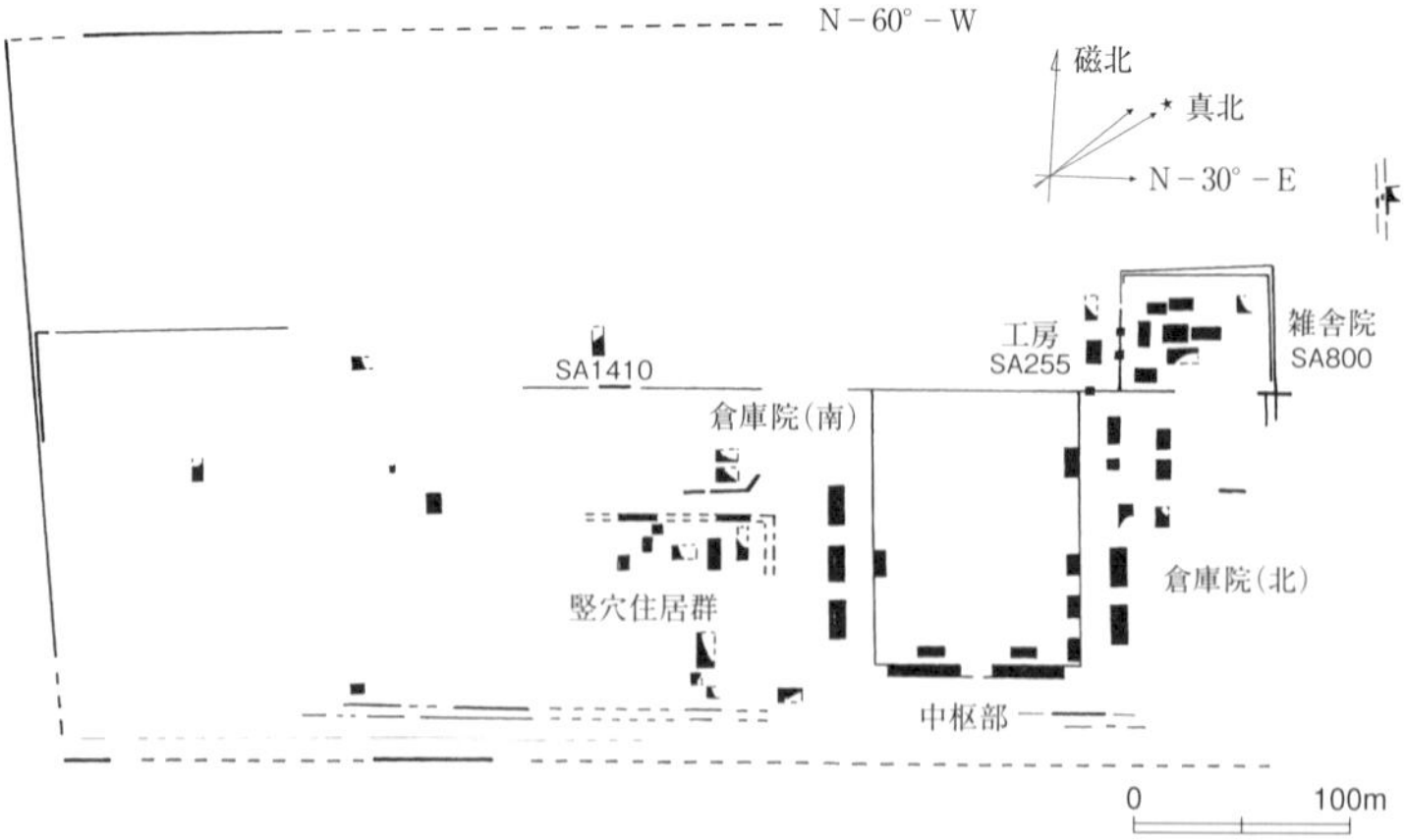

図14　Ⅰ期官衙全体図

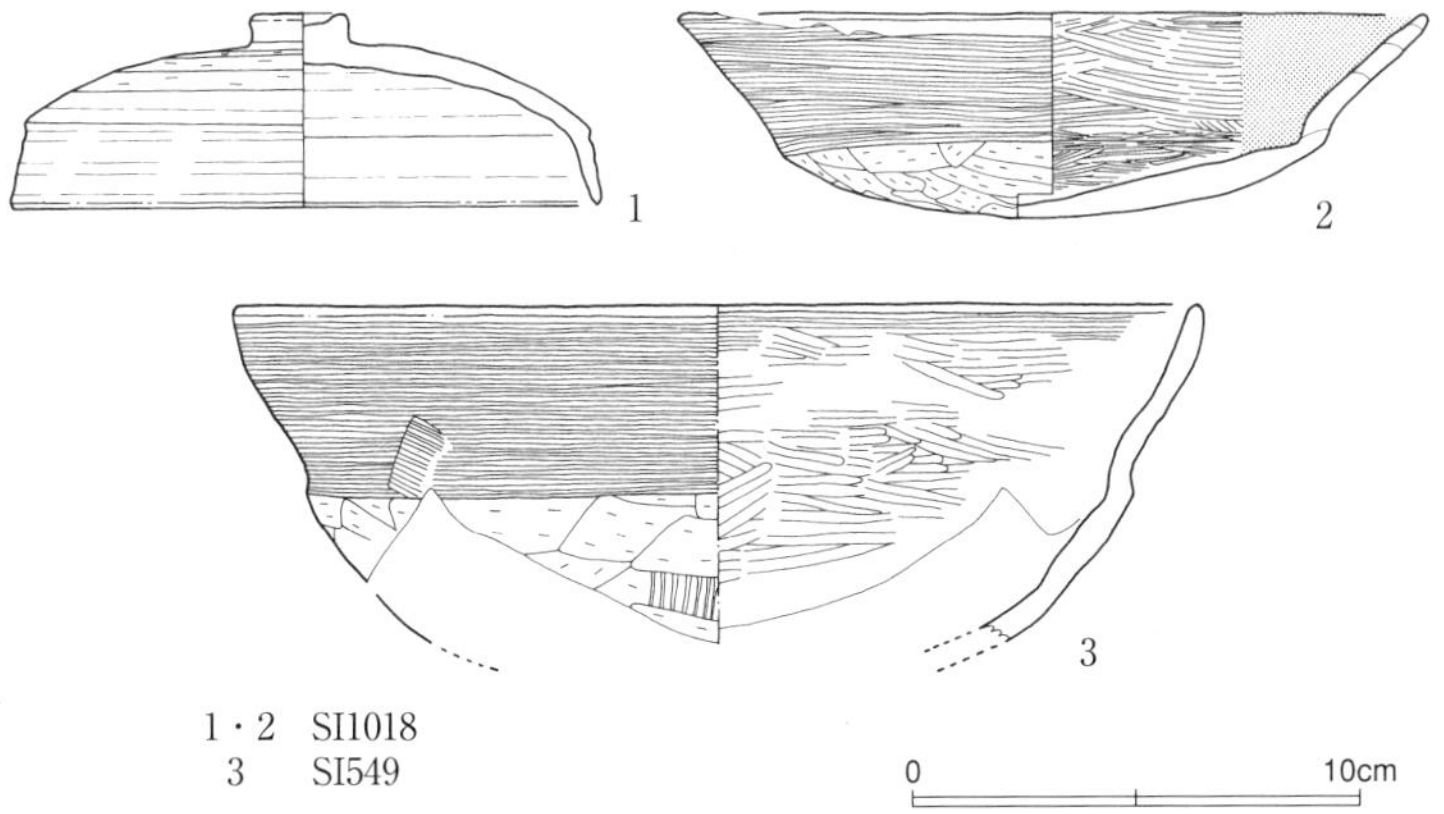

図15　Ⅰ期官衙出土遺物

り、最も建て替えの多い箇所で、五、六回、南辺付近でも二回の建て替えを行っている。

中枢とみられるブロック（院）から南の縁辺部に離れるにつれて、造られている基準方向も真北から西に五五度から六〇度と、きわめて統一された方向から五度程幅のあるものとなる。建物や塀の建て替え回数を考慮に入れれば、中枢付近から南に拡大したものと考えられる。

では当初造られた範囲はどの程度のものだったのだろうか。中枢部の背面で雑舎や工房群の前面を区画する材木列―塀―ＳＡ２５５・８００・１４１０がある。この塀は離れた地点でもまったく角度が振れることがなく一〇〇㍍ほど連続している。この遺構が各ブロック（院）の区画となっているに留まらず、Ⅰ期官衙全体のなかで重要な区分線になっていたとみられている。

そのように見た場合に、この塀の確認されている南北三〇〇《メートル》の範囲は、おおむね全体の二分の一の範囲となっており、Ⅰ期官衙創建期の規模である可能性がある。

なお現在確認されているⅠ期官衙の範囲のうち、南辺、東辺、西辺については明らかになっているが、北辺については拡大する可能性が残されている。次に各ブロック（院）の様相を見ていこう。

2　中枢部は政庁か

遺跡内のやや北よりで、後の方四町Ⅱ期官衙の中心付近にⅠ期官衙の中枢部とよぶ一画がある。材木列や一本柱列などの塀と建物により区画された、長辺一一八《メートル》から一二〇《メートル》、短辺九一・六《メートル》の範囲である。この区画内部は広場状の空閑地となり、通路や門の配置から南東辺が正面となっていたとみられる。大きく二時期に分けられ、一本柱列による区画と主に総柱建物からなるA期から、板塀と側柱建物からなるB期への建て替えがある。中枢部正面に門（SB1975）が造られたのはB期である。

残念なのはこのブロックが方四町Ⅱ期官衙の遺構群と重複していることと、民家や屋敷林（いぐね）により発掘調査ができず、遺構の詳細が把握できないことである。国史跡指定により徐々に解明されていくと思われるが、現時点で明らかになっている遺構からその機能を類推してみる。

A期の段階では総柱建物が多く、ものを収納する機能があったことは確実である。それに一本柱列による塀を連結させている。建物と区画の塀が一連になっている配置は、後の郡家（郡衙）のなかで中心殿舎が集まる郡庁院の構造に通ずる形態をしている。単なる倉庫院とはちがった機能が想

図16　Ⅰ期官衙中枢部区画

定されるだろう。

さらにここで注目したいのは、この区画の広さである。表1のように他の遺跡で郡庁院とされる院より広い面積を有している。重要な院となっていたことが考えられよう。

平安期の内裏脇殿を検討した古田歓によれば、脇殿には収納庫的機能があったという。内裏の正殿ともいうべき紫辰殿の左右に配置された四棟の宣陽殿、春興殿、校書殿、安福殿などは、御物、書籍、武器類などが収納されていた。実務的な使われ方をしたのは、天皇が不出御のときなどに限られていたらしい。

東北の城柵官衙遺跡のなかにも、多賀城や城輪柵、志波城などでは脇殿に束柱がともなうものが存在する。地方官衙の成立期にあり、物を収納する機能が政庁に付加されていたことを示していたのではないだろうか。では倉庫院とのちがいはと

図17　Ⅰ期官衙中枢部門跡

表1　郡庁の規模

郡衙遺跡名	国名	郡名	東西長(m)	南北長(m)
東山官衙Ⅰ～Ⅴ期	陸奥	賀美	57	52
名生館官衙(城内地区)		玉造	53	61
名生館官衙(小館地区)			(55)	58
三十三間堂		日理	50	60
泉廃寺Ⅰ期		行方	43	50
泉廃寺Ⅱa期			44	51
泉廃寺Ⅱb期			44	52
泉廃寺Ⅲ期			55	68
根岸Ⅱ期		磐城	(66)	25以上
根岸Ⅲ期			(63)	(43～50)以上
神野向Ⅰ期	常陸	鹿島	53	52
神野向Ⅱ・Ⅲ期			53	51
上神主・茂原官衙	下野	河内	70	45
嶋戸東前期	上総	武射	(53)	(40)
御殿前Ⅰb期	武蔵	豊島	25以上	34以上
御殿前Ⅳ期			38以上	64
御殿前Ⅴ期			33以上	68
長者原b期		都筑	(50)	(58)
今小路西Ⅰ期	相模	鎌倉	50	50
今小路西Ⅱ期			46	48
下寺尾西方A前期		高座	66	40以上
下寺尾西方A後期			62	40以上
弥勒寺東	美濃	武義	47～50	60～64
岡Ⅲ－1・2期	近江	栗太	52	50
(花園鷹司)	山城	葛野	(40)	(50)
(正道Ⅱ期)		久世	42以上	(30)
(正道Ⅲ期)			(40)	(50)
万代寺Ⅰ期	因幡	八上	35以上	51
万代寺Ⅱ期			92	91
山宮阿弥陀森		気多	(50)	26以上
(戸島)			45	56／33
古志本郷Ⅰ期	出雲	神門	(48)	42以上
宮尾Ⅰ・Ⅱ期	美作	久米	45	40以上
下本谷Ⅱ・Ⅲ期	備後	三次	53	43以上
久米官衙Ⅰ期	伊予	久米	(35)	33
久米官衙Ⅱ期			(45)	45
有田	筑前	早良	(10)	31
小郡官衙Ⅱ期	筑後	御原	(56)	63
小郡官衙Ⅲ期			32以上	40以上
大ノ瀬官衙	豊前	上毛	53	59

注；数字は四捨五入してm単位にした。(　)内の遺跡は参考例。(　)内の数字は推定値または概数。不整方形の場合は平均値の概数。戸島遺跡の南北長33mは南郭部分の長さ。山宮阿弥陀森遺跡は上原遺跡群の一部。(奈良文化財研究所2004aより)

問われそうであるが、それは区画内部の広場状の空閑地が重要な意味を持っていると考えられる。類推の域を出ないが、政庁に収納していた文物を分与するような行為が行われていたのではないだろうか。それを荘厳化することや儀礼化することのなかで、後の政庁に通ずるような中枢区画が成立していった可能性を考えておきたい。

3　躍動する官衙

(一)　収蔵する

中枢部の両翼を形成するように総柱建物が配置されている。写真を裏焼きしたように、ほぼ同じ建物配置である。倉庫院（北）、倉庫院（南）とよぶことにする。これらの遺構群は、二から四回の遺構の重複があり、総柱の建物が建てられた後に、側柱建物が建てられるようになる。

総柱建物は二間（柱三本）四方の規模と、三間（柱四本）四方の規模の正方形のものと、梁行が二間で桁行が三ないし四間（柱が四ないし五本）の長方形のものがある。周辺から付札などの木簡は出土していないので、何が収納されていたのかは具体的にはわからない。しかし柱の下部に河原石を敷いているもの（ＳＢ２４５、３７３）や、柱の直径が七〇《センチ》を超えるもの（ＳＢ３４４）などの存在から、重量物の収納が考えられる。

側柱建物（ＳＢ１４、１１００、１６０５）は梁行が四ないし三間と特殊なことや柱材が三〇《センチ》から四〇《センチ》と太いこと、平面積が一二〇平方《メートル》とほぼ一定していることから、単なる事務棟ではなく一定の容量や長さのある物資を収納した倉庫ではないかと考えられる。なおすべての総柱建物がこの側柱建物に建て替えられたわけではないので、総柱建物と併存していたとみられる。

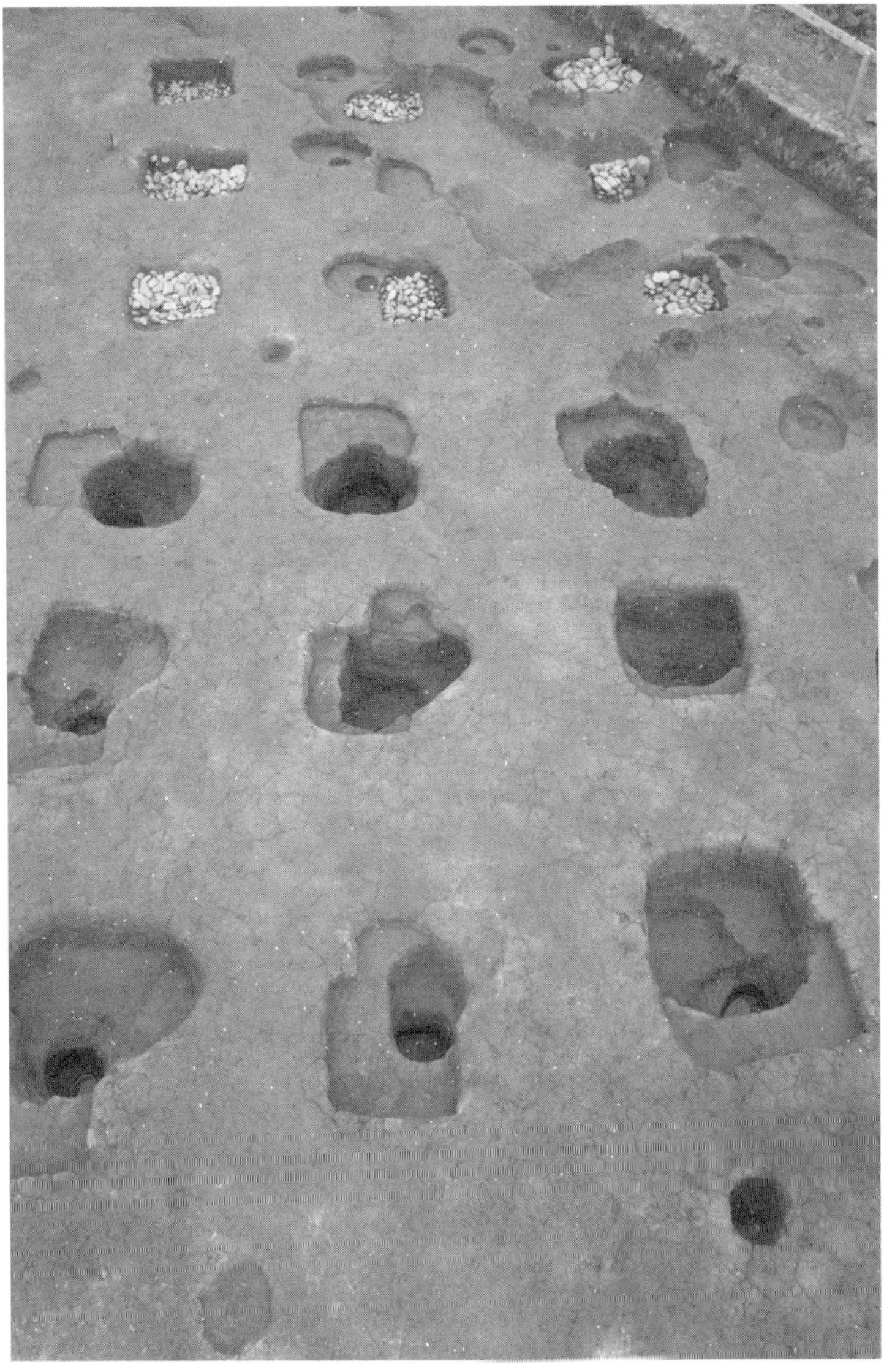

図18 総柱建物跡（手前 SB337、奥 SB245）

図19　巨大な柱跡（SB344）

図20　側柱建物跡（SB1100）

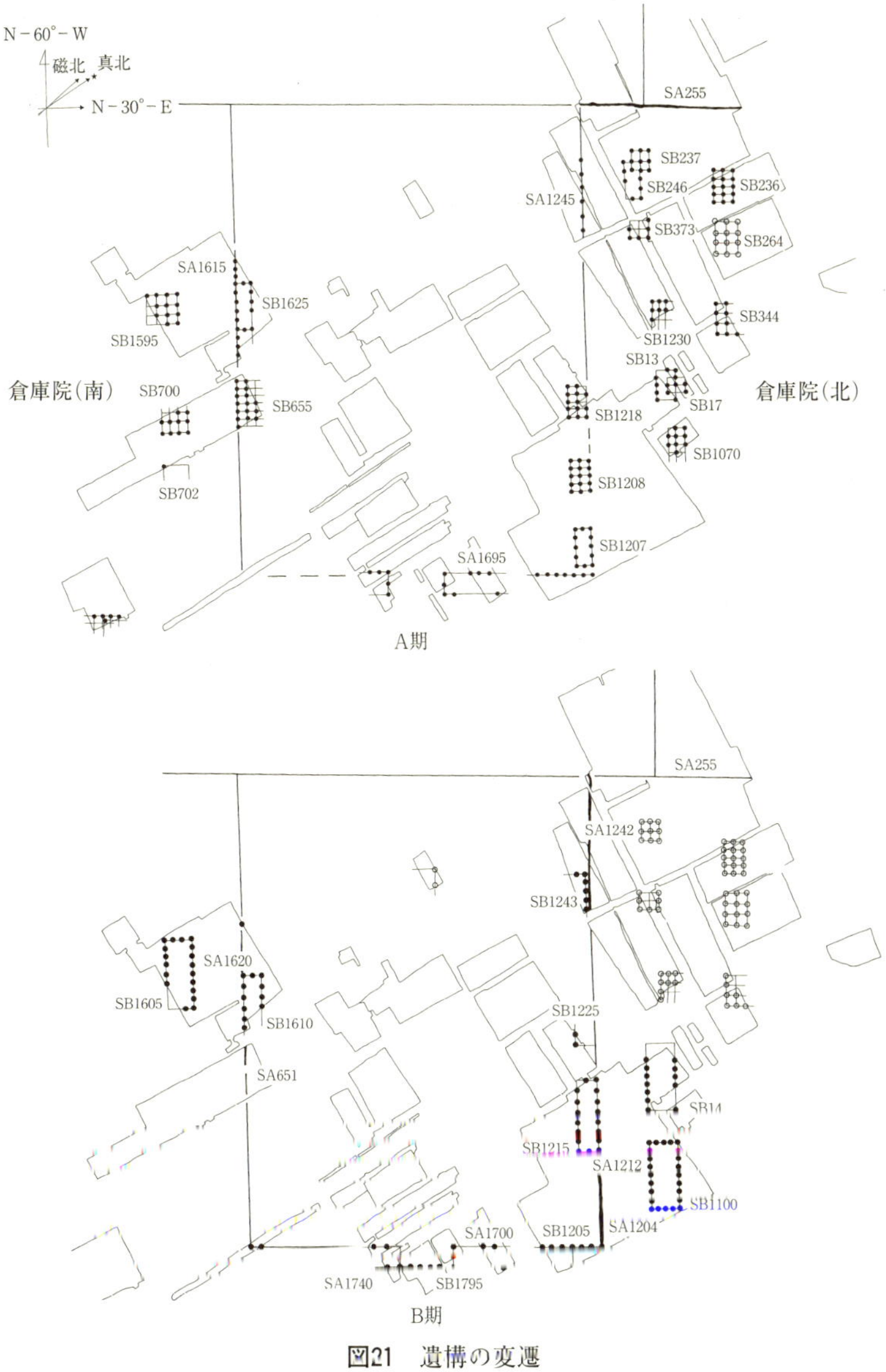
N－60°－W
磁北
真北
N－30°－E
SA255
SB237
SB236
SA1245
SB246
SB373
SB264
SA1615
SB1625
SB344
SB1595
SB1230
SB13
倉庫院(南)
SB700
SB655
倉庫院(北)
SB17
SB1218
SB1070
SB702
SB1208
SB1207
SA1695
A期
SA255
SA1242
SB1243
SA1620
SB1605
SB1610
SB1225
SA651
SB14
SB1215
SA1212
SB1100
SA1700
SB1205
SA1204
SA1740
SB1795
B期

図21　遺構の変遷

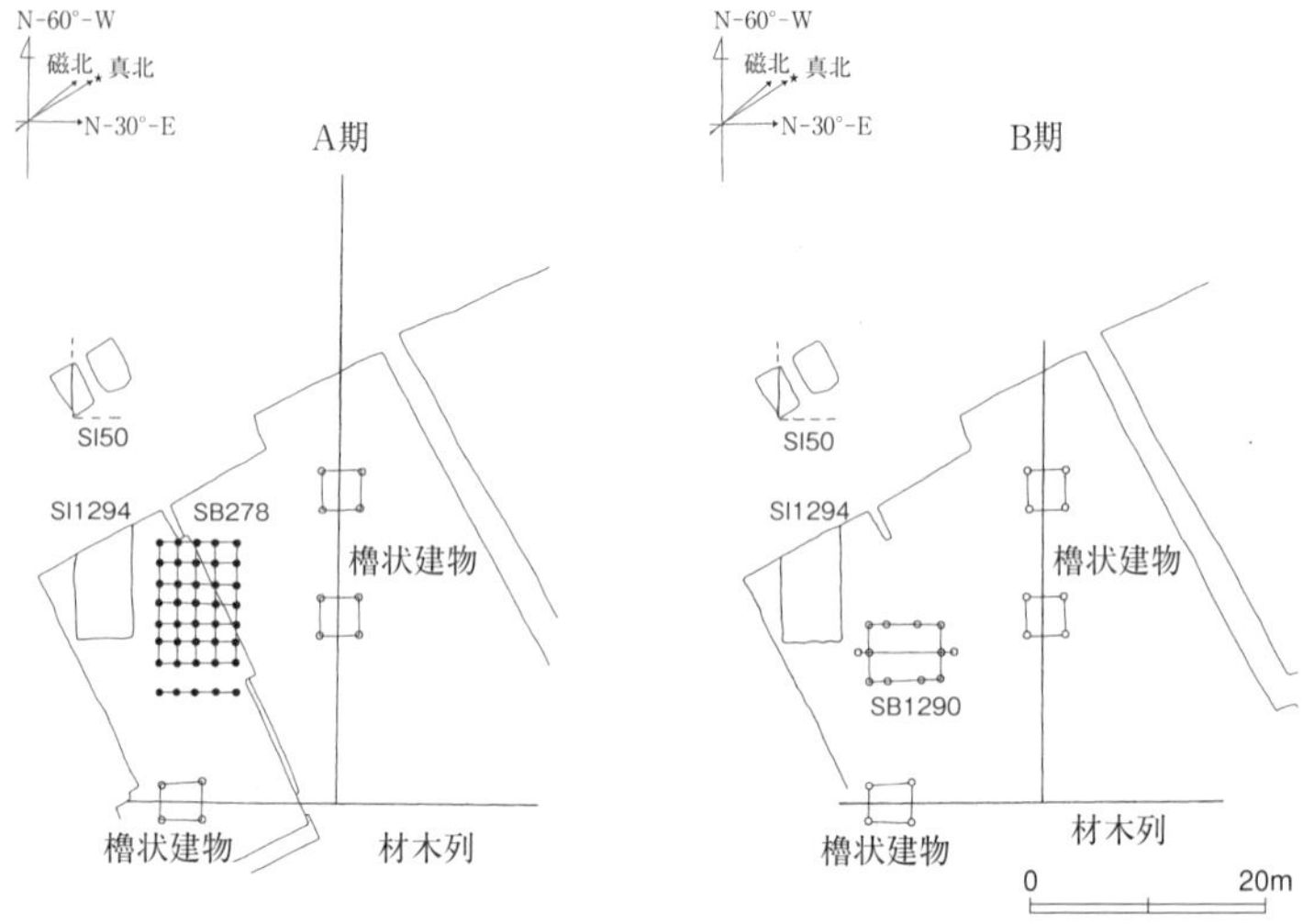

図22　SB1294鍛冶工房周辺

このことから、総柱建物による遺構群から総柱と側柱の建物が共存した遺構群へ移行したことがわかる。前項でも述べたが、中枢部でも一本柱列と総柱建物によるA期から、板塀と側柱建物によるB期への変遷が考えられる。このような様相から、倉庫院と中枢部の遺構変遷を想定したのが図21である。A期からB期へと倉庫院と中枢部が変化することが想定される。なおA期については二、三小期に分割されるものが含まれている。

(二)　武器を作る

次に、倉庫院（北）と中枢部に隣接する遺構群に注目したい。この地区で発見された竪穴遺構（SI1294、図22・23）は、短辺は四・八メートルであるが、長辺が九・四メートル以上あり、構造的には竪穴住居跡と同じであるがきわめて長い遺構である。床面上からは炉跡が五カ所で見つかってお

図23　工房跡（SI1294）

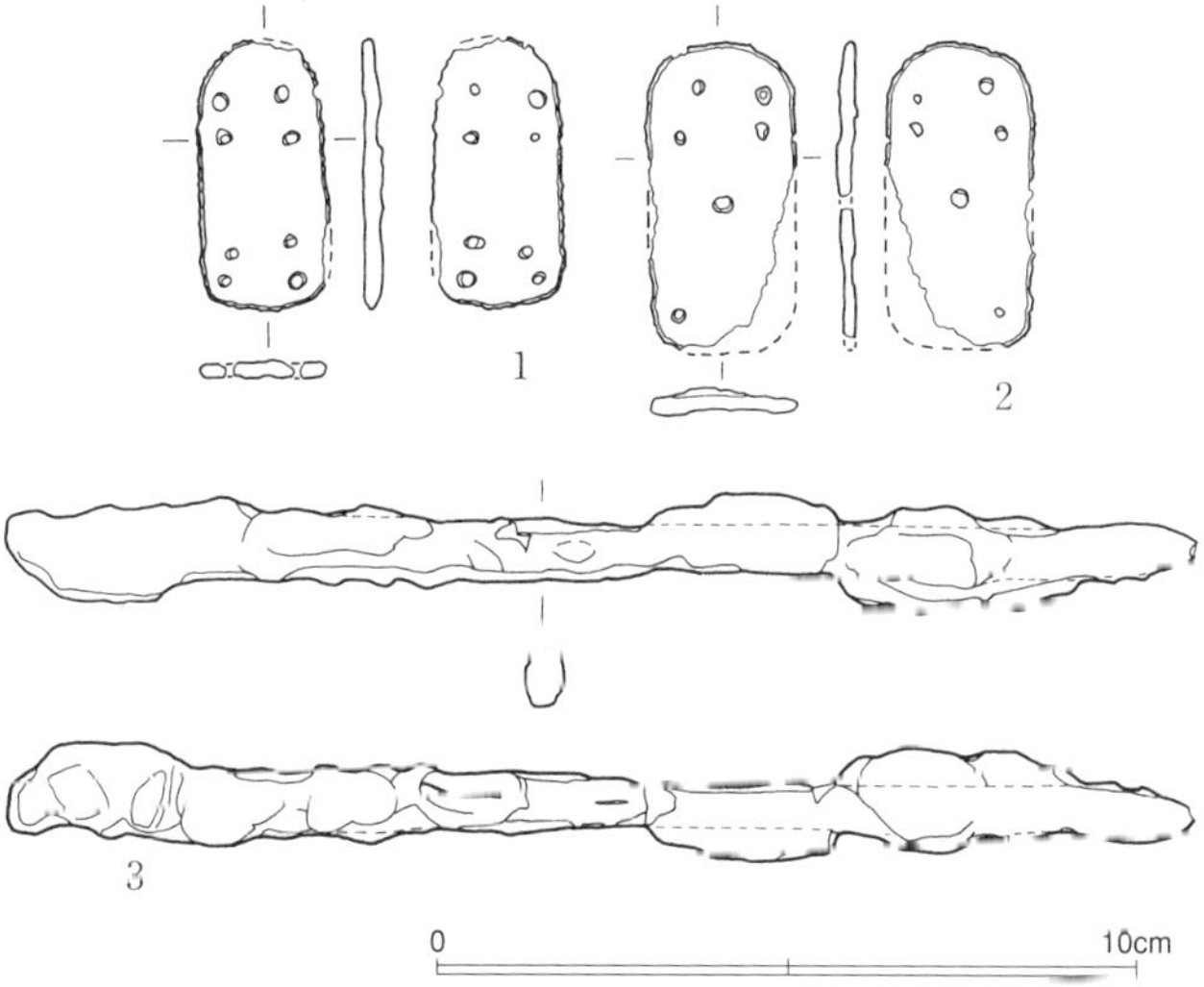

図24　出土遺物（SI1294）

り、多量の炭化物や鉄滓が集積している箇所もある。出土している遺物を見るとフイゴ羽口や鉄滓が付着した土器片、椀形滓、鉄鏃、鎧の部品となる小札《こざね》（図24―1・2参照）などである。明らかに武器や武具を製造修理していた鍛冶工房として使われていたと考えられる。

この遺構の北にも同様の竪穴遺構が建ち並んでいたようである。これらの遺構と隣り合うように桁行六間、梁行四間の総柱建物（SB278）が並んでいる（A期）。なおこの総柱建物と同じ位置に、後に棟持柱を有する桁行三間、梁行二間の特殊な小形の建物（SB1290）が建てられる（B期）。調査を担当した木村浩二は神社建築の「神明造」との関連を指摘し、官衙内での神事にかかわる施設の存在を示唆している（図25参照）。鍛冶工房との関連を含め、官衙の機能を考える上で重要な課題と考えられる。

隣接する雑舎院は遺構が区画の塀まで近接しているのに対し、塀から八ないし一〇メートル《メートル》離されて配置されているのが顕著である。

雑舎院や倉庫院（北）との区画になる塀の上には阿部義平が指摘するように、櫓状建物があり厳重に警備されていたように見える。

（三）雑舎院を探る

倉庫院（北）と工房群に隣接する雑舎院では、竪穴住居と掘立柱建物が軒を揃えながら建ち並んでおり、三から四時期の変遷がある（図26参照）。短辺で五二から五七メートル《メートル》、長辺で六六・八から六八・五メートル《メートル》の二時期にわたる区画のなかに、三列ないし四列の遺構が並んでいる。長辺には四脚門（SB438）が配置されている。短辺には小規模な門しかないことから、長辺方向で倉庫院（北）側が正面となっていたのだろう。

図25　特殊な建物跡（SB1290）

区画内の遺構については、配置と重複関係から小期を設定し、区画内の変遷を仮定することがむずかしい。遺構のなかに竪穴住居と掘立柱建物が併存することと、倉庫院などにくらべ大形の柱をもつものが少ないことなど、政庁や倉庫院などとは異なった様相を示している。

掘立柱建物の形態だけでも、側柱建物と総柱建物、床束の建物、さらに塀がともなうものなど、混在している。この院の機能が負っていたものが、このような遺構の多様性として反映しているのだろう。

これらの遺構のうち、本章の第一節「I期官衙成立」で触れたI期官衙創建期にかかわる塀跡（ＳＡ２５５）に近接して、竪穴遺構（ＳＩ２６１）がある。非常に近接しているので、創建段階というよりは内部に遺構が建ち並んで機能していた後に、付加されたと考えられる遺構である。

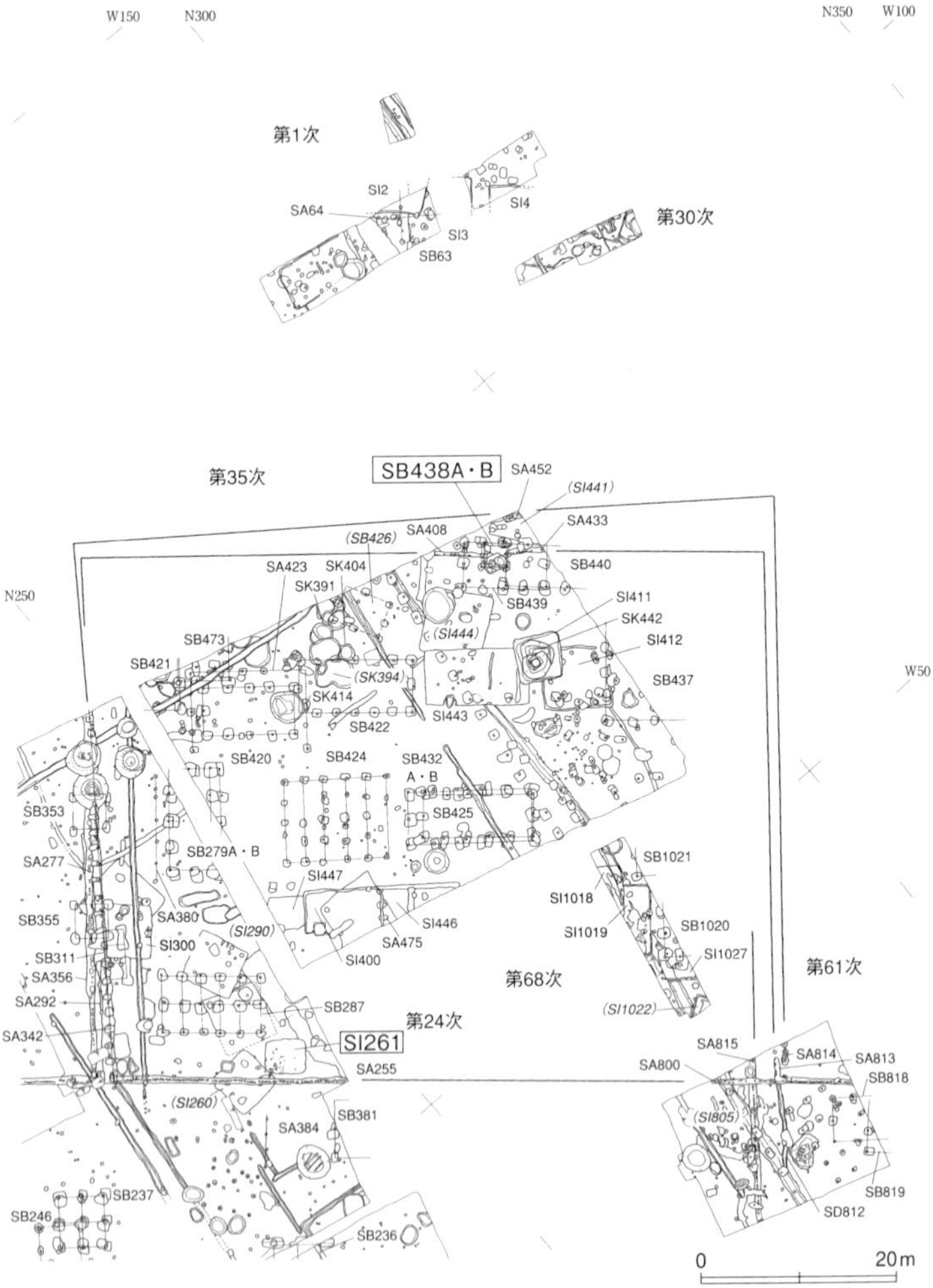
W150
N300
N350
W100
第1次
SI2
SA64
SI3
SB63
SI4
第30次
第35次
SB438A・B
SA452
(SI441)
SA433
SA408
(SB426)
SB440
SA423
SK404
SK391
SB439
SI411
SK442
N250
SB473
(SI444)
SI412
SB421
(SK394)
SB437
W50
SK414
SI443
SB422
SB420
SB424
SB432
A・B
SB353
SB425
SB279A・B
SA277
SB1021
SI447
SI1018
SB355
SA380
SI446
SI1019
SB1020
(SI290)
SA475
SB311
SI300
SI400
SI1027
SA356
第68次
第61次
SA292
SB287
(SI1022)
第24次
SA342
SI261
SA815
SA814
SA813
SA800
SA255
SB818
(SI260)
(SI805)
SB381
SA384
SB237
SB819
SB246
SD812
SB236
0
20m

図26　雑舎院

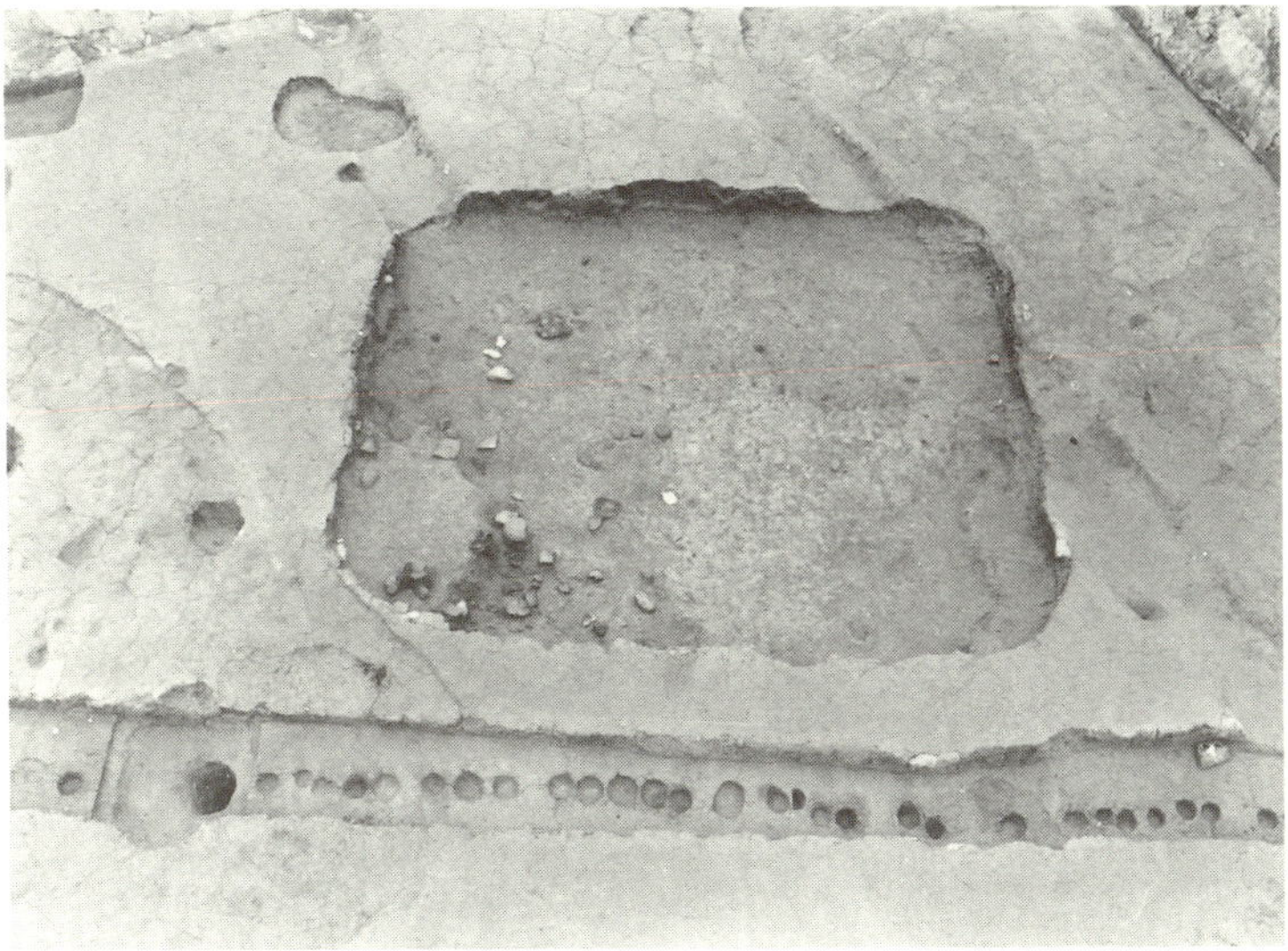

図27　竪穴遺構（SI261）

このSI261竪穴遺構は東西三・三メートル、南北四メートル、深さは三〇から四〇センチである。河原石が多量に入り込み、焼けた土も含まれている。土器片も多く出土（図28）しているが、床面よりやや上から特異な土師器が出土している。内面に細い棒状の工具で、土器が焼かれる前に施された暗文が放射状に、さらにその上から螺旋状に入れられている。土器の断面を見ると、胎土が薄い膜状にかさなったような特徴がある。

この土器（図28―6、口絵四頁上段）は外来の土師器である。東北地方の土師器に見られる黒色処理や、鬼高系の土師器の漆仕上げとも異なっている。この土師器は飛鳥地方の宮殿などから出土する土師器で、「畿内産土師器」とよばれるものである。発見当初は、飛鳥地域の土器編年でいう「飛鳥IIあるいはIII」といわれていたが、近年は「飛鳥III」という評価で落ち着いている。東北地

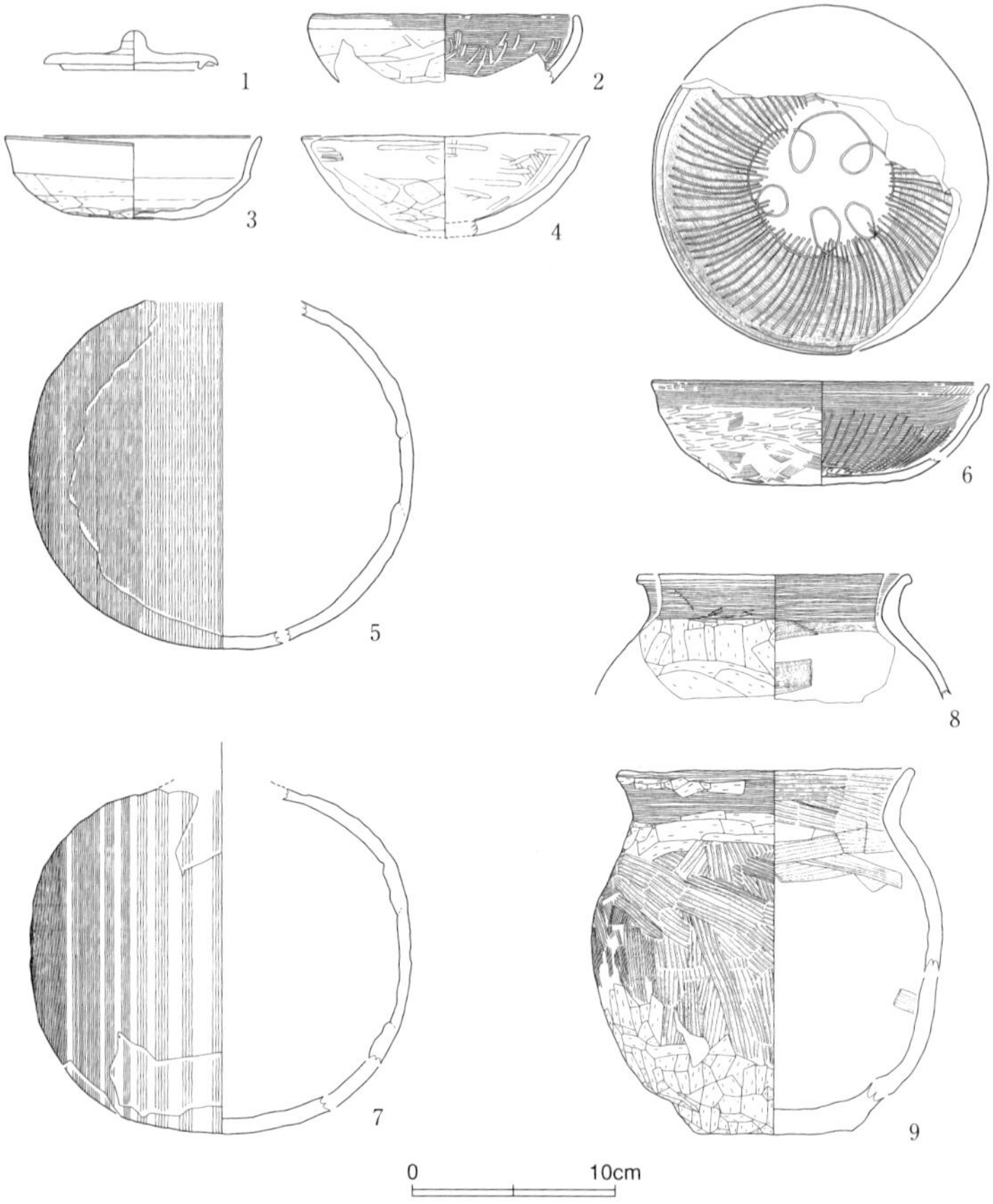

1：須恵器蓋　2・4・6：土師器坏　3：須恵器坏
5：須恵器瓶　7：須恵器瓶　8・9：土師器甕

図28　SI261出土遺物

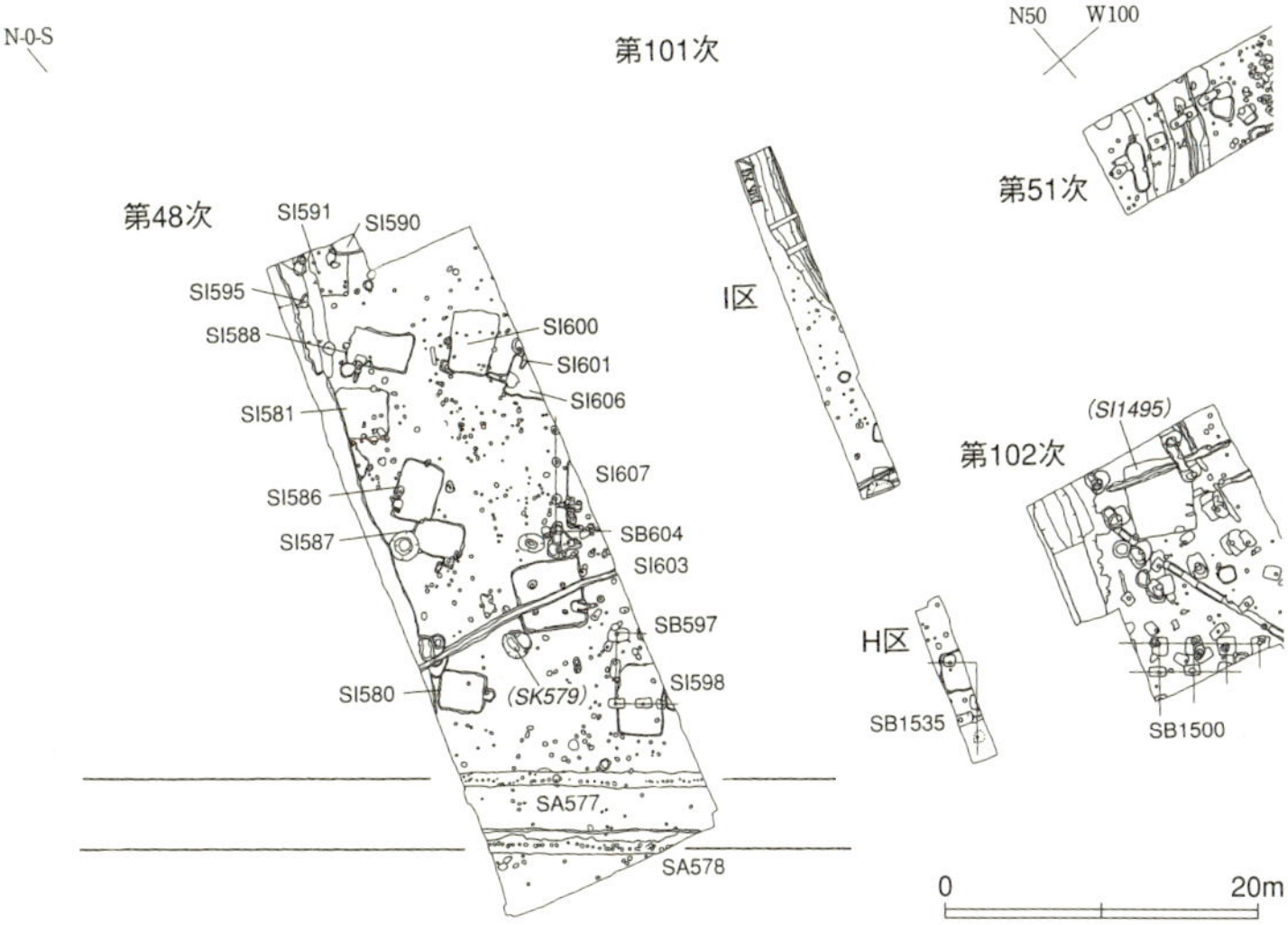

図29　竪穴住居群（東辺付近）

方ではきわめて限られた出土例しかなく、やや時期の降ると思われるものが宮城県南部の亘理町堀の内遺跡から出土している。

郡山遺跡から出土した畿内産土師器は、畿内の王権と直接結びつく官人の派遣を意味するものと考えられ、I期官衙の機能を示す上で重要な遺物である。

(四)　竪穴住居跡の密集

I期官衙の南部には竪穴住居跡が密集する箇所がある。倉庫院（南）に隣接する東辺付近では、小規模な竪穴住居跡が溝に区画され建ち並んでいる。掘立柱建物とも共存していたようである。ただし雑舎院のように掘立柱建物と列を成すような企画性は認められない。

竪穴住居跡は一辺が三ないし四メートルのものが多く、それぞれに小規模なカマドを有している。I

図30　Ⅰ期官衙東辺

期官衙の遺構としては政庁と同じく方位を綿密にそろえたものから、やや角度の振れるものまでが含まれている。官衙内にこのような竪穴住居が取り込まれている理由を明らかにすることはできないが、カマドがあることからは、官衙内での給食はされていなかった可能性がある。Ⅱ期官衙の時期になると、このような竪穴住居群の存在は官衙内では見られなくなる。また高台坏やそれに組み合うような口径の大きな蓋が出土するようになり、土器類に器種のバラエティが加わる。Ⅰ期官衙の機能がⅡ期官衙のものと大きく異なる点がここに隠れている。人員を官衙内にコンパクトに収容することと、食料の給付のあり方が反映しているように思える。

(五)　空き地あり

では人員を多く収容し何をしていたのだろう

か。この竪穴住居群の南に隣接する地区の様相から、一つの推定をしておきたい。竪穴住居群に隣接するⅠ期官衙東辺部を発掘すると、東辺となる二時期から三時期の材木列が発見される（図30）。その前面に溝跡をともなう時期もあるようである。しかしその内側に目を向けると、各時期とも遺構がほとんど検出されていない。小規模な掘立柱建物や、池状に窪んだ広範囲な窪みのような遺構があるのみである。竪穴住居群や雑舎院で発見されたように竪穴遺構や住居跡が近接する様相とは、まったく異なっている。東辺となる塀の内側は、空き地となっているのである。遺構の検出されない箇所がどのように使われたかを、考古学的に判断するのはむずかしい。しかし冒頭で一つの推定としたのは、広範囲に遺構が密集するⅠ期官衙においてその機能を考えるとき、この東辺部の様相は、今後の課題として終わらせられない問題を含んでいるように考えられるからである。

図31を見ていただきたい。官衙の外塀となる一本柱列や築地の内側に広い空き地が存在している。平城宮では馬寮とされる官衙の様相である。ここは十八間のきわめて長い建物が間仕切りをもって存在している。そのような建物はⅠ期官衙の東辺付近では発見されていないか、官衙の中心域となる政庁などの他にも、広い空き地を要している部署が官衙内にあるということである。

隣接する竪穴住居群の出土遺物を見ると、体部にヘラケズリのある甕や小型甕、内面黒色処理されずナデ調整される坏などの関東系土師器が出土している。

遠方の関東地方から来た人びとをコンパクトな竪穴住居に収容し、食器持参の上、自ら調理する。隣に空き地が広がる様子と解釈できるのである。

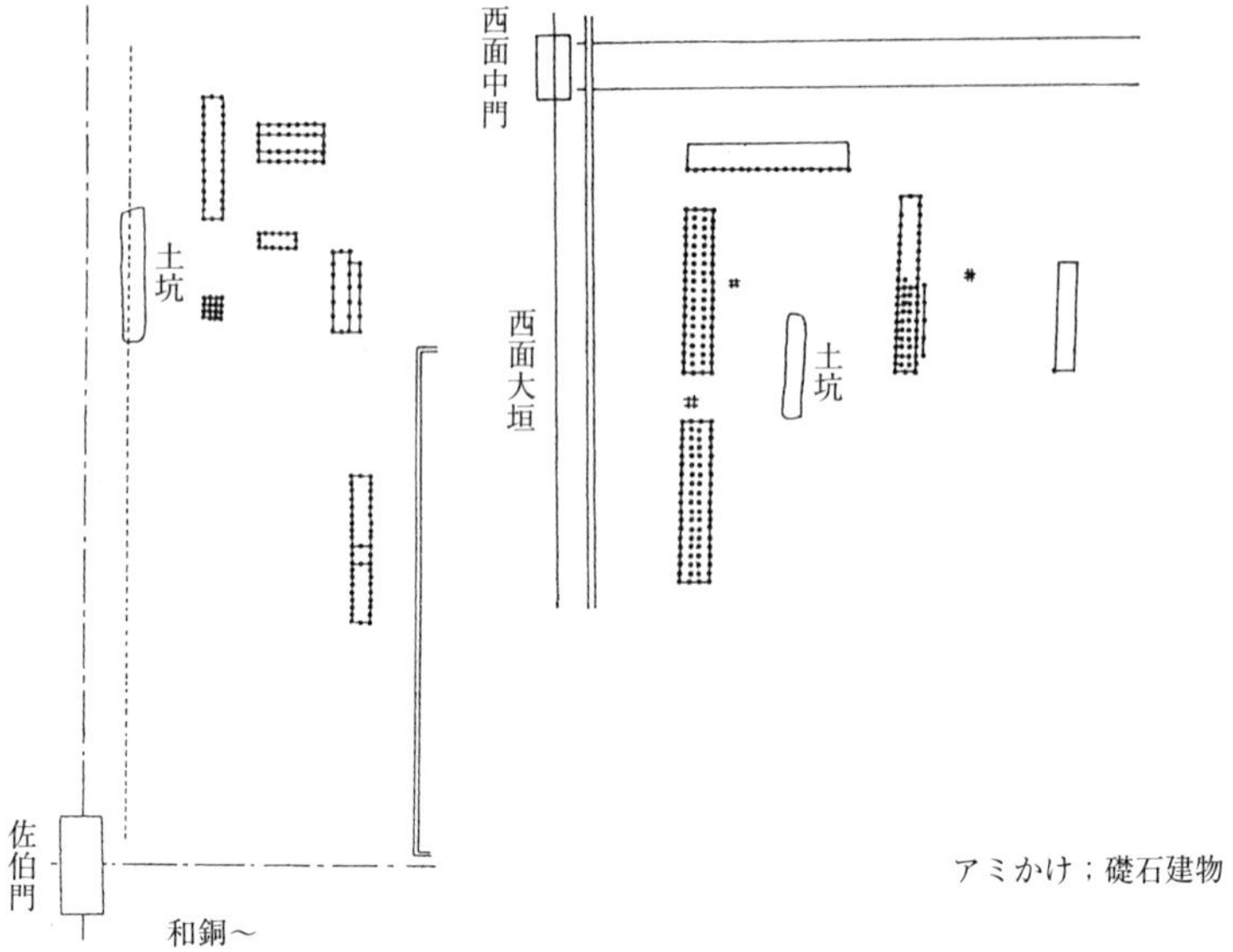

図31　官衙内平面図（左：藤原宮、右：平城宮、奈良文化財研究所2004aより）

Ⅰ期官衙のなかに武器や武具を扱う工房があることは先に述べた。ここに竪穴住居群の人びとが連動しかかわる状況が推定されてこないだろうか。隣接する空き地は、人員の集合や訓練の場である可能性を推定しておきたい。

Ⅰ期官衙が活動していた時期、日本の中心である畿内地方では壬申の乱（六七二年）が起こる。大海人皇子方を支援した尾張国司に率いられた兵士たちは、皇子が吉野を出発して三日後には参戦している。この迅速さからは常備軍のような組織ができ上がっていたことが想定されるという。道奥国が成立して、最北の官衙に後の鎮兵に相当するような常備軍のような存在を考えるのは早計であろうか。

4　Ⅰ期官衙の機能と終末

Ⅰ期官衙の正面となる南東辺をみると、方四町Ⅱ期官衙の外郭線のように一直線に通る様相ではなく、かなり地点によりずれがある。規模が拡大し、官舎群が付加されていったためと考えられる。

Ⅰ期官衙の開始は七世紀中頃である。地方政治の明確な必要性は、改新の詔にも謳われている。その前後頃に作られた官衙が、近江令や飛鳥浄御原宮などの法典整備のなかで、機能の変化や付加が繰り返された影響が反映されているのではないだろうか。あるいは領域とする東北地方の状況が影響しているのかもしれない。おそらく双方が連鎖した結果なのだろう。

このⅠ期官衙の機能については、早くから国府や郡衙（評）とする説があった。そのうち評家とする見方については、Ⅰ期官衙全体の規模（約一八ヘクタール）がきわめて広いことや、中枢部が八世紀代の地方官衙の政庁とくらべ、面積が突出して広い（一万八〇〇〇平方メートル）こと、さらに外回りの遮蔽が材木列により明瞭なことから後の郡家に相当する施設ではなく、畿内産土師器が出土していることからも、飛鳥の王権と直結した官人が派遣される国家的な施設であると考えるべきである。立地や官衙の形態からは河川との密接な関連が考えられ、外洋にも近いことから、海路の拠点ともなる官衙と言える。よって東北地方の日本海側に設置された渟足柵や磐舟柵と同じような「柵」と考えるのが妥当とする見解を取っている。

なお国府とする見方については、たしかに陸奥国は六五九（斉明五）年に「道奥」の国司の記載があるので、国司がいたことについては疑いがな

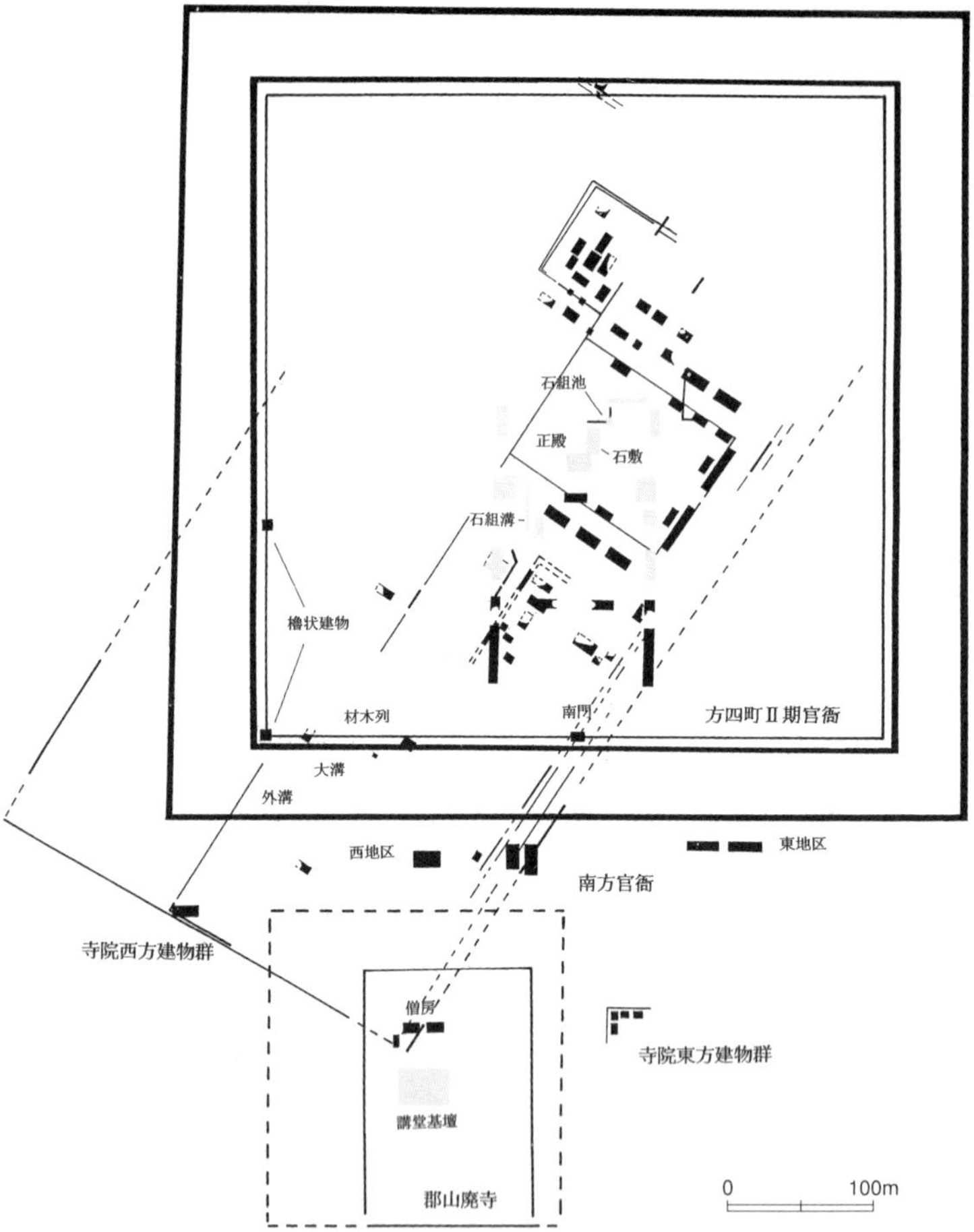

図32　Ⅰ期、Ⅱ期官衙重複状況（アミをかけた建物は、Ⅰ期官衙の主要な建物と重複しないように造られたと推測されるもの）

いと考える。しかし陸奥国内で評や郡に該当する遺跡が成立するのは七世紀の後半でも末葉であって、中頃までさかのぼる官衙は発見されていない。おおむねⅡ期官衙の活動の時期に入ってからである。よって国府（衙）のみが単独で存在するというのは考えにくいので、この見方は取らないでおく。

Ⅰ期官衙は、七世紀の中頃から後半にかけての時期で、陸奥国内北部の評制成立以前の「柵」として設置され、各地の囲郭集落や関東系土師器の流入、横穴墓の造営などに影響を及ぼすような活動をしていたことを想定したい。したがって移民や主に建評にいたる前段階にかかわった機能を果たしていたと考えられる。

図32を見ていただきたい。Ⅰ期官衙の主要な遺構と重複しないようにⅡ期官衙の遺構が造られている。また郡山廃寺の主要な伽藍部分は、Ⅰ期官衙の外側に位置している。この様子はⅠ期官衙が解体される以前にⅡ期官衙の施工が開始されていたことをうかがわせる。一定の期間、部分的にではあるが、共存する時期があっても不思議ではないと考えられる。

コラム

海の道から陸の道へ

　鬼高系土師器が関東地方東半部からの流入や影響により存在していることは、先に述べた。またⅠ期官衙の方向が桑原滋郎の指摘するように西に六〇度方向を向いて造られていることは、広瀬川と名取川の合流点方向を官衙の正面とみてよいことを示している。

　これらのことは、Ⅰ期官衙が河川や海洋の交通路を基盤としていたことをうかがわせる。しかし次のⅡ期官衙の時期となると様相が一変する。官衙の方位が真北方向に整えられ、土器も、関東地方でも内陸部に同じ特徴を有する半球形の関東系土師器の出土が多くなる。

　この種の土師器はⅠ期官衙の遺構からも出土しはじめる。またⅠ期官衙の遺構から関東地方の内陸に起源をもつ比企型土器とよばれる土師器もごく少量出土している。これは、Ⅰ期官衙の成立時には関東との交通路が海路を主にしていたものが、Ⅰ期官衙の活動期間中に陸路に変わった、あるいは付け加えられたと見ることができる。人を含めた物流の基盤が、海路から陸路へ比重が移ったと考えられよう。

　さらに言い換えるなら、それは東山道の開通を予想させる。東山道は、関東地方では杉村遺跡（宇都宮市）や下原宿遺跡（群馬県新田町）で幅一二から一三メートルの道路遺構により確認されている。仙台平野での確実な遺構としては、八世紀代にくだる道路跡が多賀城市新田遺跡で発見されているが、仙台平野南部では発見されていない。しかし渇水期に名取川と広瀬川の渡河可能な地点を考えた場合に、名取川は熊野堂・富田から中田・

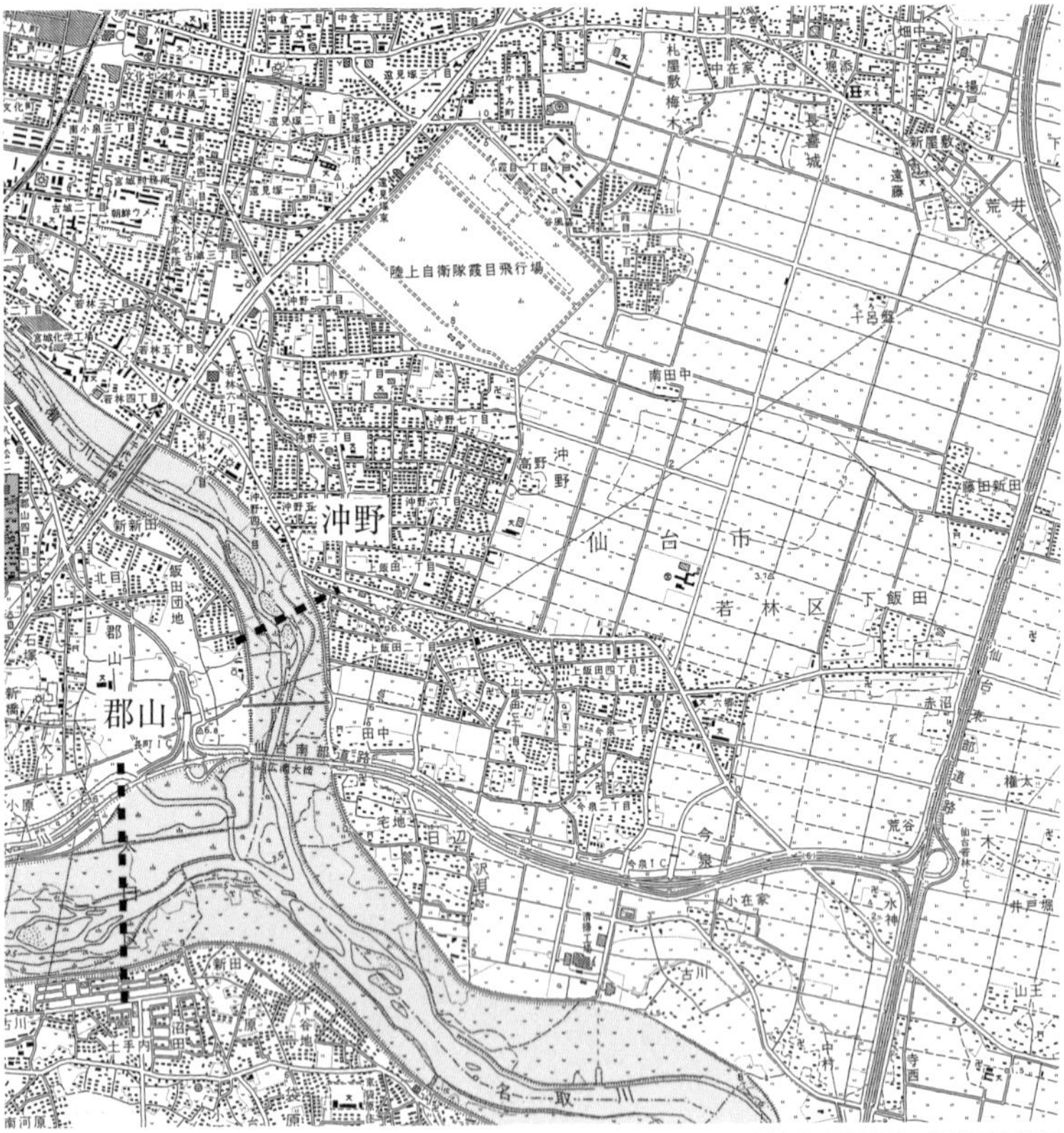

※国土地理院発行の地形図を使用

周辺図

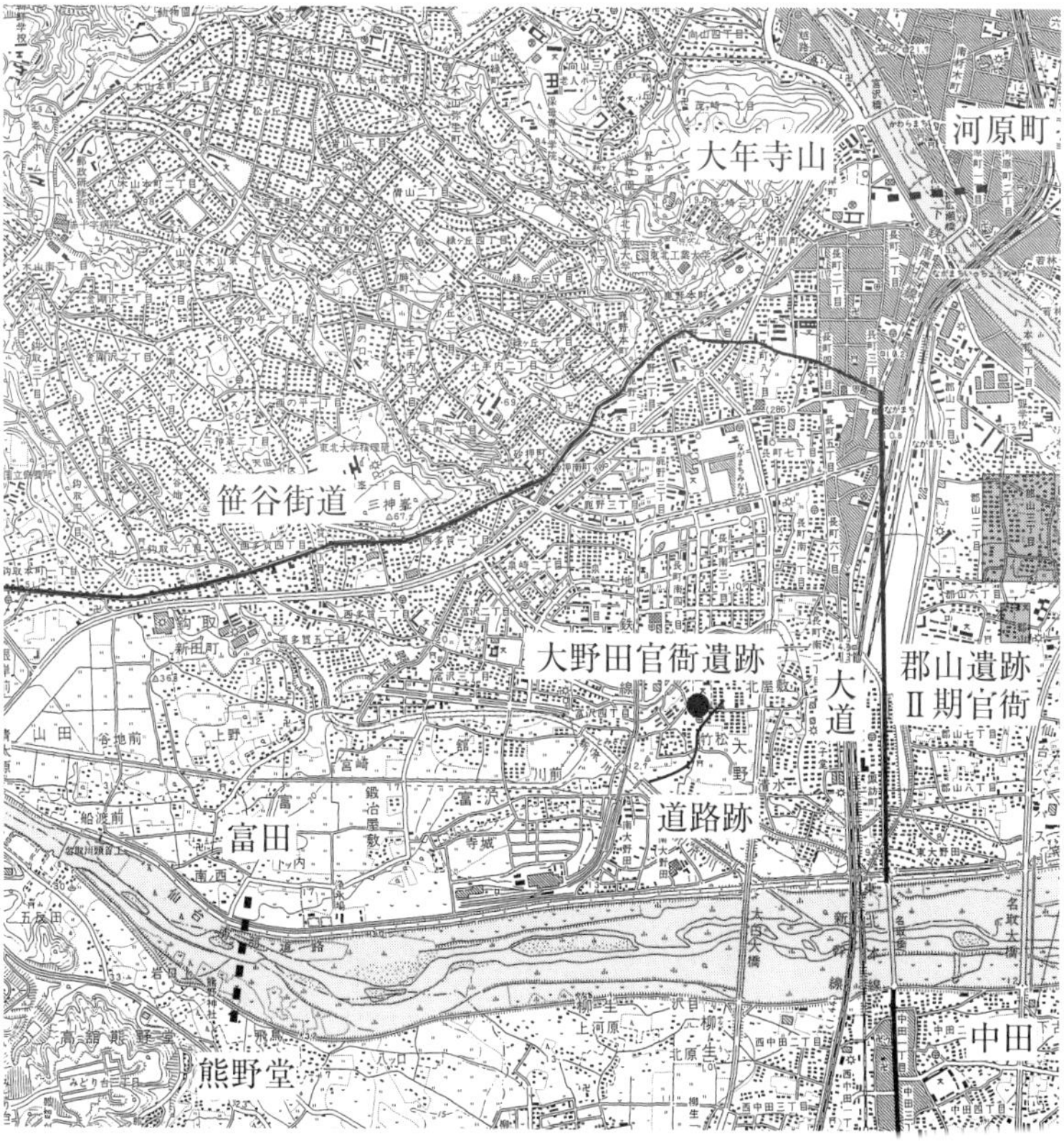

図33　遺跡

郡山の間、広瀬川では大年寺山南麓・河原町から沖野・郡山間で、この地域のいずこかが通過地点である。流路の変動も考慮に入れなくてはならないが、七世紀代でもこの範囲で大きく変わるものではないだろう。

中世では、郡山遺跡の南西約一・五キロの王ノ壇遺跡で、幅三から四メートルの道路跡が発見されている。東山道の遺構としては道路幅の規模や年代に問題があるので、古代にさかのぼることは考えにくい。

近世では遺跡の西を奥州街道が通過しており、大道《たいどう》という地名も残されている。開通した時期など詳細は明らかになっていない。名取川以北で山形方面へ向かう笹谷街道との分岐点までは真北方向に延びている。奥州街道は名取市増田神社付近から北に向かう直線道路となるが、名取川まではやや蛇行している。しかし名取川から以北では笹谷街道の分岐まで、振れることのない真北方向で一直線に伸びている。郡山遺跡の西隣りに官衙以前と同時期の集落である長町駅東遺跡があり、その集落をかすめるような位置関係にある。

このような道路痕跡も大正年間の貨物駅建設や現在進みつつある区画整理事業により、失われてしまった。しかし郡山遺跡周辺を東山道が通過しているという視点をもちつづけながら、これからも探っていかねばならない。

Ⅲ　陸奥国府なる

1　Ⅱ期官衙成立

奥羽山系から東流する名取川を南岸から北へ渡河すると、塔を中心にした瓦屋根の寺院が聳え立っている。広瀬川を背にするように、高さ三メートルを超える材木列（塀）に囲まれた方四町Ⅱ期官衙が確固として建ち、さらに南に廂や孫廂の付く大型の建物群が配置されている。それらの周辺にはやや規模の小さな官舎群が点在している。その西には数十棟の竪穴住居から煙が上がり、活発な人の動きがうかがえる。それがⅡ期官衙のある　三〇〇年前頃の風景である。

造られたのは藤原京の造宮開始から遷都（六九四年）が行われた前後の頃とみられる。官舎群は真北方向を基準に造り直され、大きく変貌した。Ⅰ期官衙を取り壊し（抜き取り穴、切り取り穴）、方四町Ⅱ期官衙、南方官衙（西地区・東地区）、寺院西方建物群、寺院東方建物群、郡山廃寺からなる官衙の成立である。

このⅡ期官衙は、方四町Ⅱ期官衙を主要官衙として、機能ごとに分化して配置されていたと考え

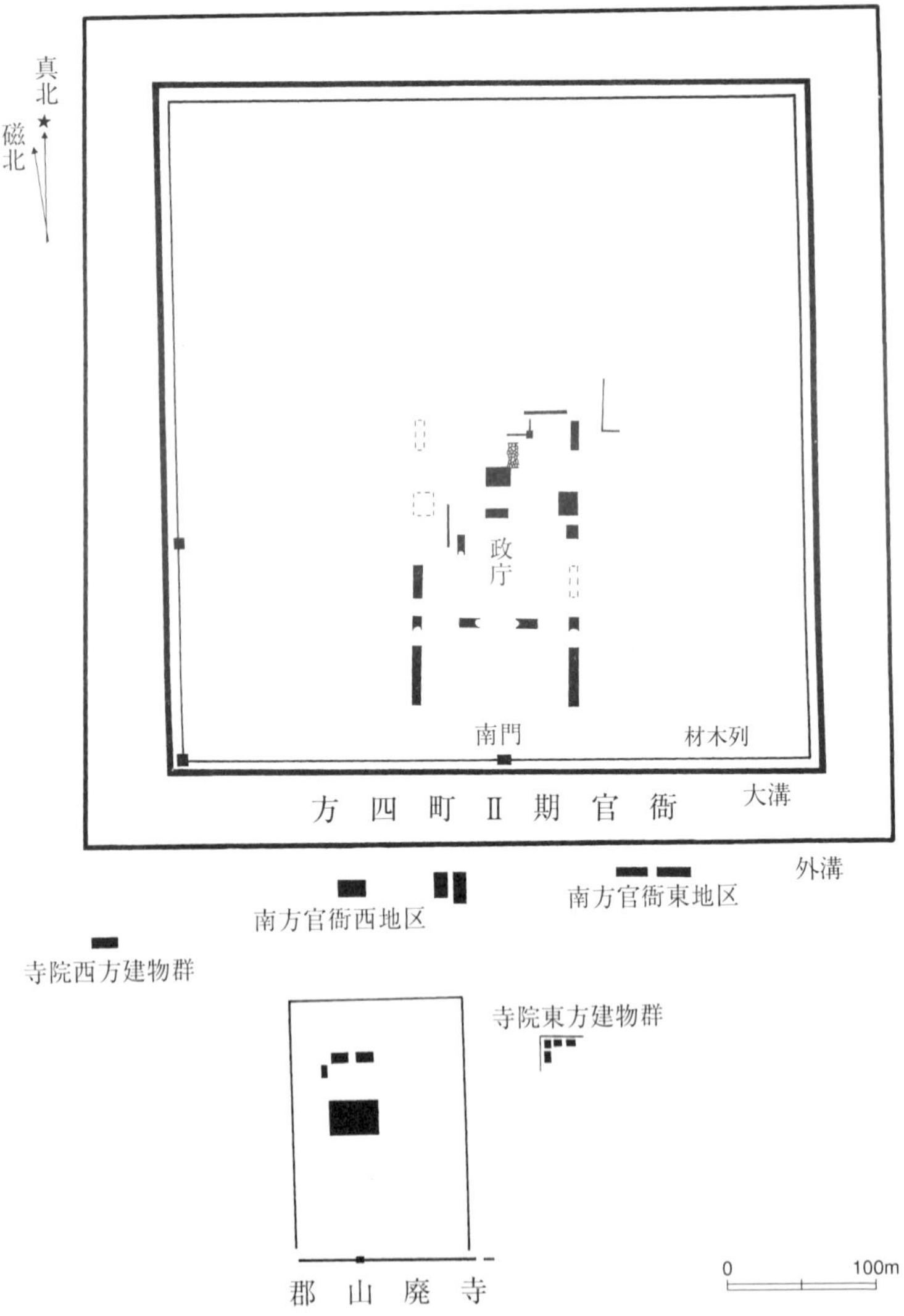

図34　II期官衙配置図

られる。

方四町Ⅱ期官衙の内部には地方官衙唯一の石組池（SX１２３５）が配置されている。正殿（SB１２５０）とした建物より北部に位置し、重要な役割を負っている。周囲には石敷遺構や石組溝があり、飛鳥地方の宮殿に匹敵する構成となっている。また官衙外の空閑地による外周帯や南方官衙地区の大型建物群の存在などは、東北地方の城柵官衙遺跡の例からは予想されなかったあり方を示している。

東北地方の城柵といわれる官衙は、正方形を基調としたものと、自然地形に影響され楕円や台形などの不整方形であるものの二種に分かれている。その理由については明らかになっていない。

正方形
　胆沢城、志和城、城輪柵
不整方形
　多賀城、桃生城　秋田城、払田柵

いずれの遺跡も築地や材木列により、外側の遮蔽が厳重に造作されていることに特徴がある。土による遮蔽は「城」であり、木による遮蔽は「柵」である。これらについて、読みはいずれも「キ」と発音されている。

正方形の城柵の外郭（外囲み）は築地となっており、方四町Ⅱ期官衙の材木列（塀跡）とは異なっている。Ⅰ期官衙も外囲みは材木列であるが、規模がまったく異なっている。ここからⅡ期官衙の様相を詳しく見てみよう。

2　二つの方形

(一) 材 木 列

一九八〇（昭和五十五）年十二月八日、方四町Ⅱ期官衙南辺において、東北各地の発掘担当者が

図35　南辺材木列の検討（1980年当時）

現地検討会を行っていた。官衙の外囲みとみられる材木列（当時は柵木列と呼称）の柱材が地上に延びるか否かの検討である。

各地の城柵とされる遺跡で、すでにこの種の遺構は発見されていたが、地上に延びるものではなく築地犬走りの端を抑える遺構であるとか、基礎地業にあたるもので地上に延びる遺構ではないとする見方が強かった。しかし郡山遺跡の現地を見る限り、地上に延びていたとみる以外はむずかしい状況であった。また周囲に築地の痕跡などもなかったのである。

方四町Ⅱ期官衙南辺の材木列は、真東西方向の掘り方のなかに、直径二五から三〇センチの丸材を密接に立て並べている。

掘り方の規模は遺構の検出される土層表面の残り具合にもよるが、上幅一五〇センチで断面形状はロート状か南側に段をもち、下部に向かって狭まっている。深さ八〇から一〇〇センチで幅九〇センチとなり、そこから下は壁が垂直となり、深さ九〇センチで底面となる。検出上面からの深さは一八〇センチ程となっている（図36参照）。

この掘り方のなかに、表面を手斧《ちょうな》で面取りし、形状や太さを揃えたクリ材を立て並べている。材の一部には設置された底面付近にイカダ穴が刳り貫かれているものもある。また設置の際に礎板状の板材を敷いている箇所もある。なお方四町Ⅱ期官衙の南門付近と南辺の一部にのみ、少量の角材が立てられている。

この塀は地上に伸び、掘り方の深さからは二倍程の高さであっても、塀として保持できるという。丸材ではないが、角材による材木列では払田柵（秋田県大仙市）で深さ一メートルの掘り方のなかにスギの角材が立てられ、地上に三・六メートル伸びていたことが確認されている。地上部の高さ二・四から二・六メートルのところに横木が通る貫穴があり、立てられた材が横からも連結する構造となっていた。

方四町Ⅱ期官衙を取り囲む材木列も三メートルを越す構造と考えられる。これが東西南北の四辺（約四二八メートル四方）を囲むと、八千本の用材が要いられていたことになる。

西辺上では、東西二間、南北三間かそれ以上の櫓状建物（ＳＢ１３４）が付いていたことが、これまでの調査で明らかになっている。材木列を跨ぐ構造になっており、柱を立てるための掘り方も共用していることから、一連の構造体を呈していたことが考えられる。なおこれまで同様の櫓状建物（ＳＢ５１）として扱ってきた南西コーナー部の建物については、南北は二間であるが、東西が二間以上で三間から五間までの東西棟を呈することが明らかになった。なお南辺上には、コーナー

図36　南辺材木列

図37　西辺櫓状建物跡

部分を除いてこのような櫓状建物は取り付いていないが、小規模な掘立柱による構造物が内側に配置されていることが明らかになりつつある。今後、上部構造や他辺での配置の様相を探る必要がある。

（二）石組池

方四町Ⅱ期官衙のほぼ中心に、石で組まれた方形の池跡（ＳＸ１２３５）がある。東西四・六メートル、南北四・六メートルの正方形で、内法では東西三・七メートル、南北三・五メートルとなり、側石上面から底面までの深さは六〇センチ程である。最上段の石の高さが一定していないことから、上面の石が外されているとみられる。当時の地表面の標高を反映した可能性のある石敷きとの高低差は深さ七〇センチとなる。

正方形になる池の姿は、飛鳥石神遺跡などで発

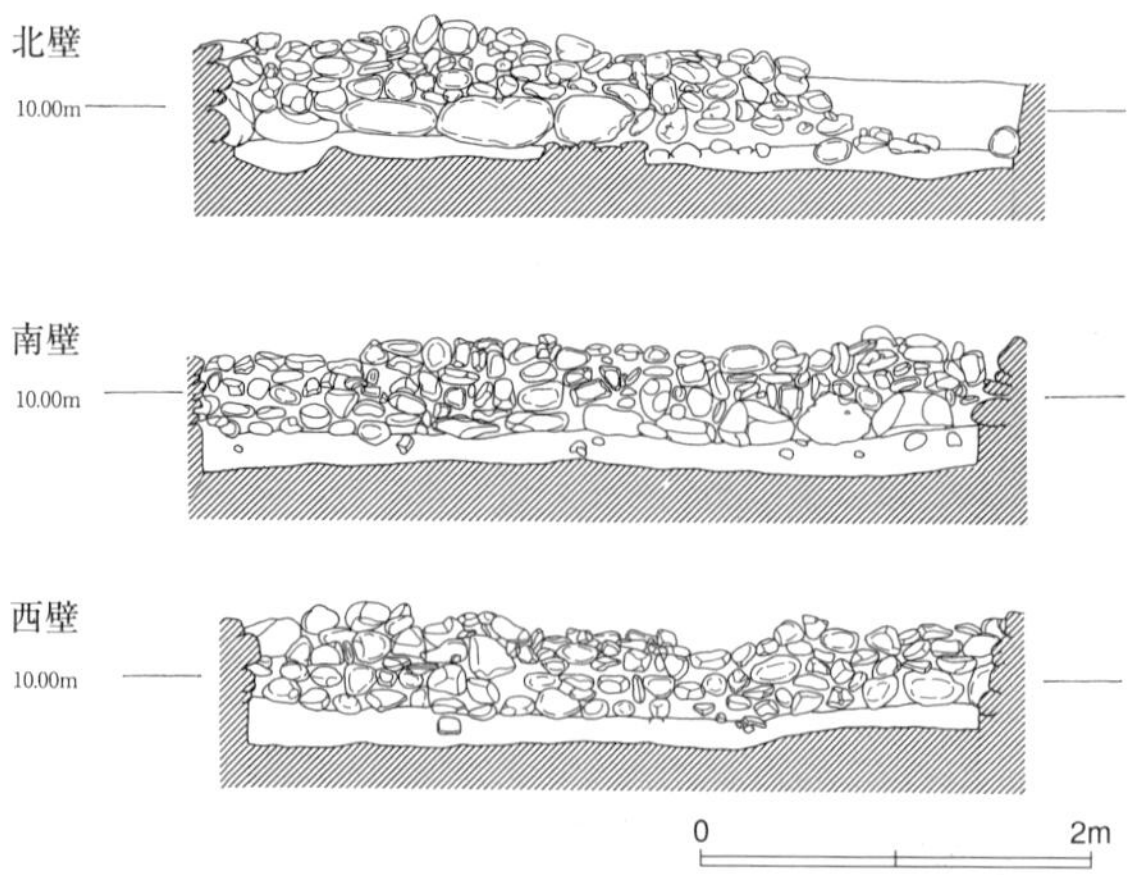

図38　石組池跡側壁図

見されている方形池とよく似ている。ちがいは石材の構築方法と給排水設備が発見されているか、否かである。

　石材の構築方法を見てみよう。飛鳥で発見されている方形池では、河原石の平坦な面を側壁として構築している。一方、Ⅱ期官衙の石組池は、最下段のみ大きな河原石を横長に配置し、その上に河原石短部を側壁とした小口積みで積み上げている。底面は拳大のやや扁平な河原石を敷き詰めている。このちがいは古墳構築時の横穴式石室の構築技法からきているようである。

　この時期の東北地方の古墳は、横穴墓が主流になっているが、河原石を小口積みにした古墳が稀に見られる。仙台平野では郡山遺跡から南に三キロの安久諏訪古墳群、宮城県中央部の色麻古墳群などがある。とくに色麻古墳群については、七世紀の半ば頃から八世紀の初頭の造営で、郡山遺跡で

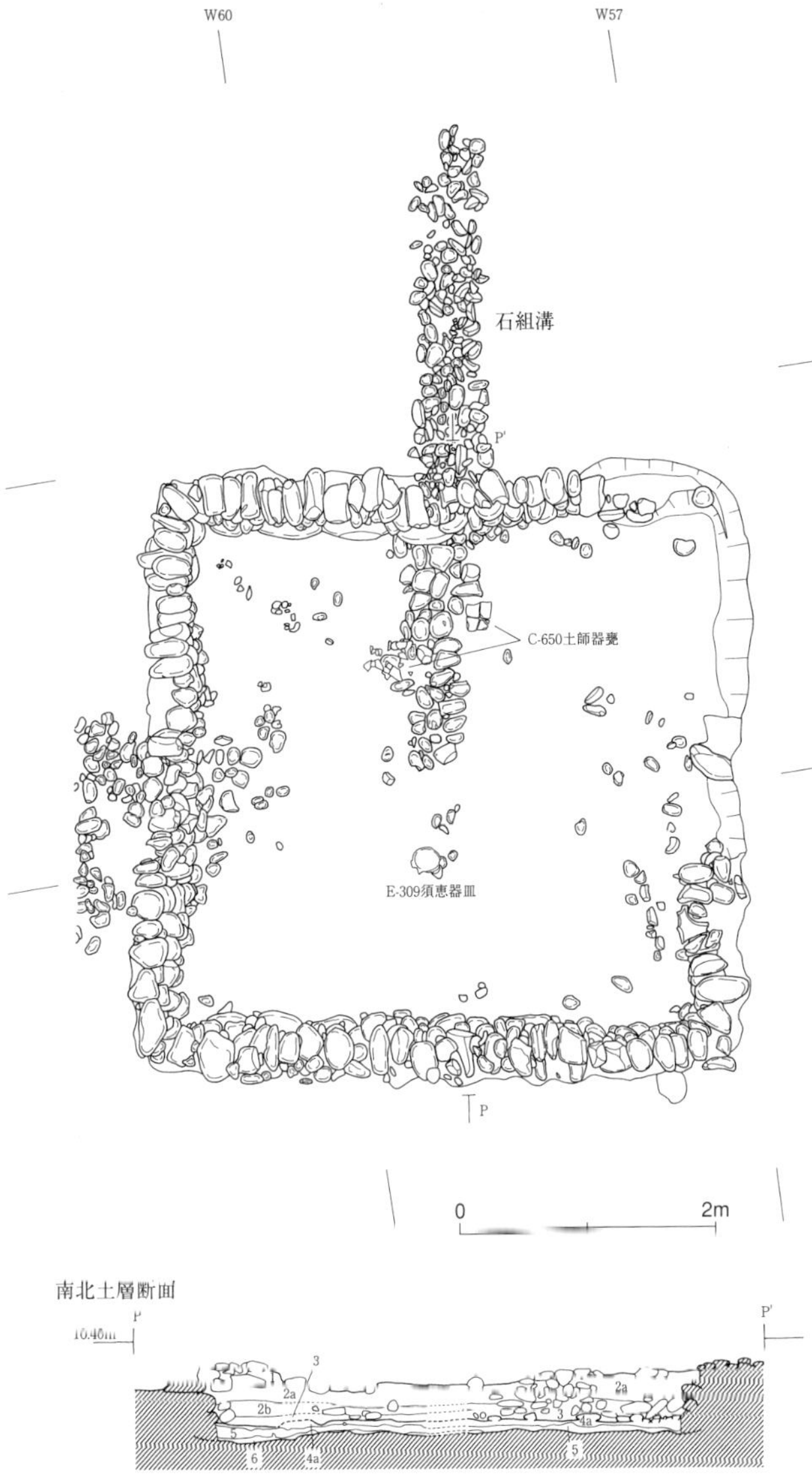

図39　石組池跡・平・断面図

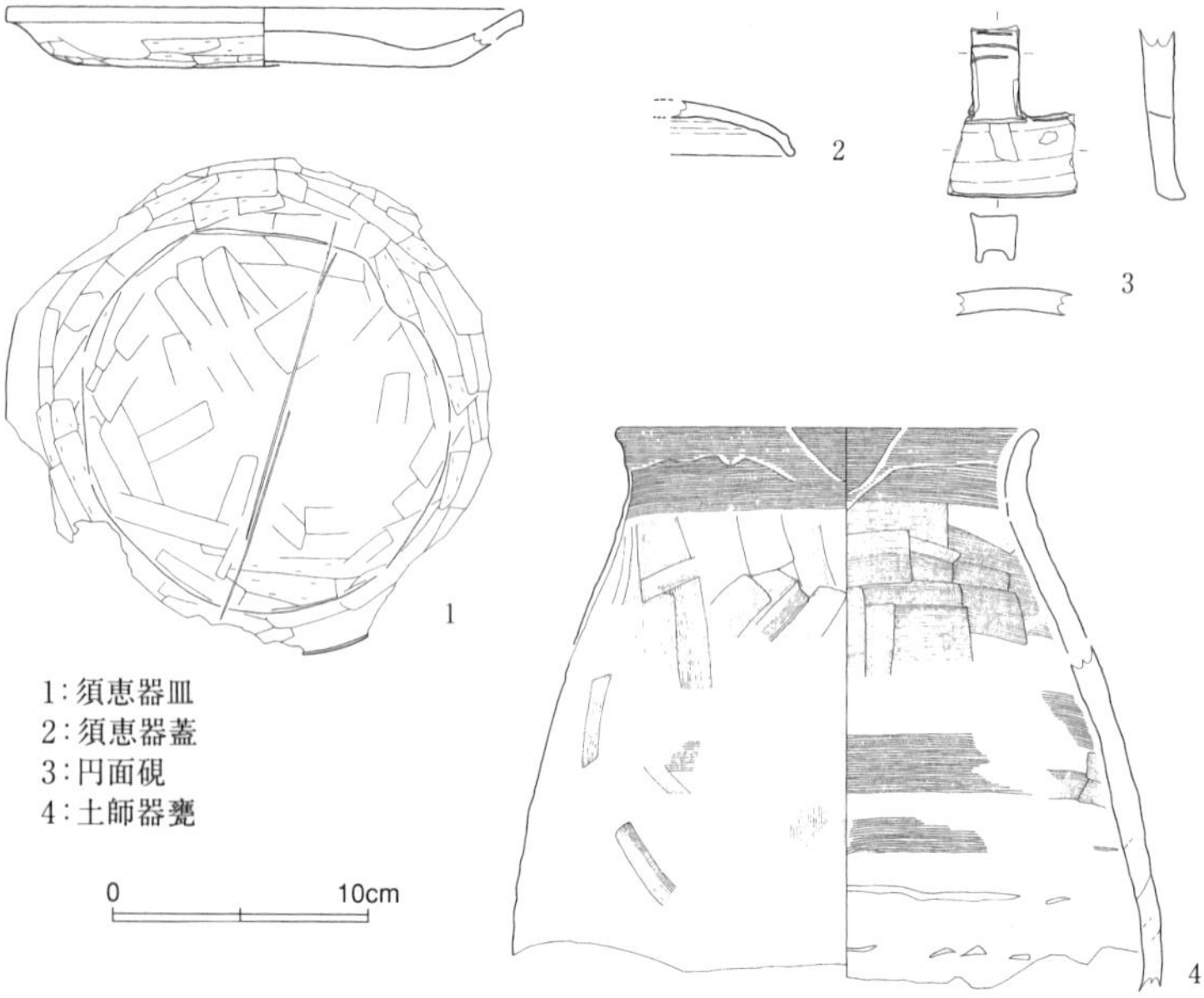

1：須恵器皿
2：須恵器蓋
3：円面硯
4：土師器甕

図40　出土遺物（SX1235）

も出土している関東系土師器を多く出土している。この種の古墳は利根川上流部の神流川流域に多く見られ、古代では武蔵国と上野国の国境付近である。この地域からの人びとの移動が、石の構築技術や関東系土師器の流入を招いていると見ることができる。

給排水設備についてみてみると、飛鳥石神遺跡では池のみで、郡山遺跡のような石組溝などはともなっていない。石組溝上面の標高が、北から南に下がっていることから、北部から給水し池で満水になれば、南に抜けたものと考えられる。ただし給排水の端部の様相は明らかになっていない。

出土した遺物を見ると、須恵器の皿、土師器の甕、円面硯と須恵器蓋の小破片などがある。これらのうち須恵器の皿は、口縁部付近のみ欠損している。欠損のあり方を見ると、口端から体部の縁辺部の範囲を打ち欠いたような割れ方をしている。また内面が敲打したように剝離した痕跡もある。底部が厚く、体部が緩く立ち上がり口縁部にいたっている。官衙内や周辺の遺跡では出土していない器形である。池の機能を反映していないか、特殊な使われ方をしていなかったのか、断定することはできないが、池の使われ方を探る手がかりを語りかけている。

以上述べてきた二つの方形となる遺構―木材列と石組池―は七世紀代の地方官衙のなかにあって、きわめて稀である。八世紀に繋がる城柵の出発点と飛鳥時代から引き継いだ方形池の終結点がⅡ期官衙の要旨であり、その時代を現しているのである。

3　方四町Ⅱ期官衙

(一)　外　郭

この官衙は、ほぼ四町四方（四二八《メートル》四方）を前述した材木列により区画されている。材木列の外側には六から七《メートル》離れ、幅三から五《メートル》、深さ一《メートル》程の大溝が巡っている。さらにその大溝の心々から五〇《メートル》程離れ、外溝が巡る。外溝の幅はもっとも残存のよいところで、二から三・四《メートル》、深さは一・四《メートル》程（一三八次）である。よってこの官衙は材木列、大溝、外溝の三重の区画により外郭が構成されていたことになる。とくに南辺と東辺では大溝、外溝間には遺構がほとんどなくなり、空閑地となっている。

このような官衙の外郭について新たな視点が提示されている。方四町Ⅱ期官衙は厳密には、東西

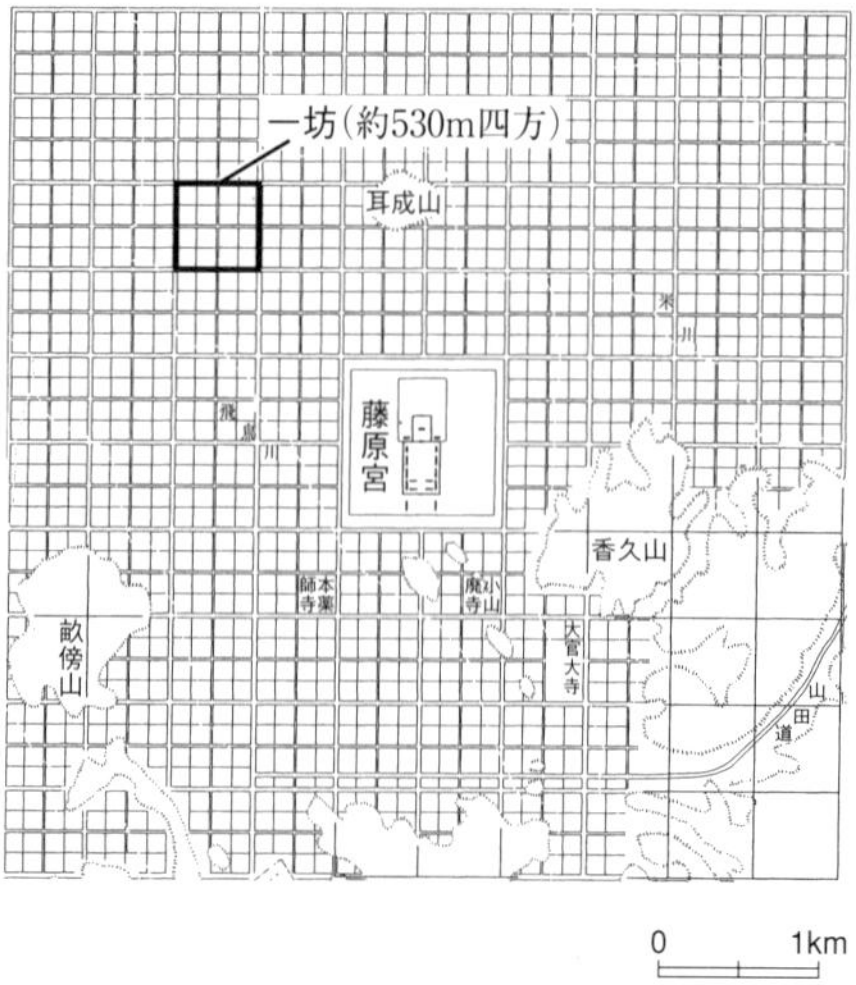

図41　藤原京関係図 1

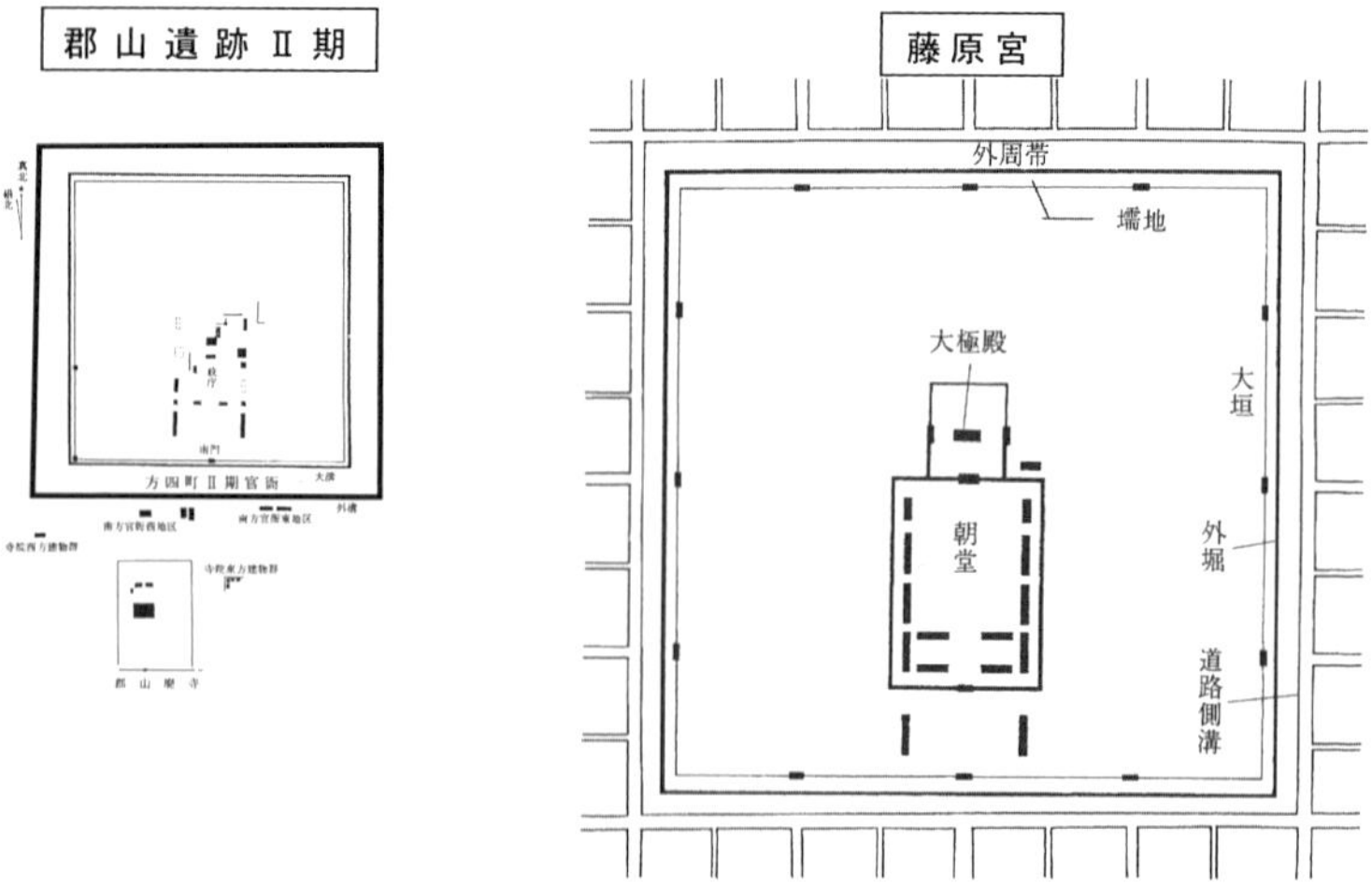

図42　藤原京関係図 2

図43　外溝跡（SD2000）

で四二八・四四メートル、南北で四二二・七三メートルである。今泉隆雄は南辺の長さが四二八・四四メートルであることに注目し、一大尺＝四二八・四四メートル÷一二〇〇尺＝三五・七〇センチとなることから、材木列の一辺は、一二〇〇大尺と換算できるとした。そして大宝令以前の一歩＝六大尺制である測地単位の「歩」あるいは「里」で考えるべきとしている。そういう視点からは、方四町Ⅱ期官衙の一辺は、一二〇〇大尺＝二〇〇歩という見方ができる。

また、外溝の配置を検討した平間亮輔は、外溝内側の南北が五三三〜五三三・五メートルで、東西が五三四・七メートルであることから、外溝一辺が一五〇〇大尺で造られていることを指摘している。このような見方からは、これまで方四町Ⅱ期官衙としてきた官衙は、一五〇〇大尺の方形区画の中にほぼ一五〇大尺（約五三・五メートル）の空白地を設定し、一二〇〇大尺（＝二〇〇歩）方形の官衙を配置したと解釈することができる。

この外溝による区画の大きさは、藤原京の街区に設定された条坊区画線（約五三〇メートル四方）と同じ大きさになり、これまで以上に藤原京、藤原宮との関連を深めるものと見ることができる。

外郭となる南辺材木列の中央には八脚門かそれ以上の規模とみられる南門跡（ＳＢ７１２）がある。直径五〇センチのクリ材を用い、柱間の寸法二四〇センチごとに柱として建てられている。門の端は材木列と密着している。同様の柱材を用いた櫓状建物が南西コーナー部と西辺材木列上に取り付いている。またこのような規模ではないが、直径二〇センチ程の柱を用いた小規模な構造物も材木列に取り付いている。

このような厳重な外郭の内側に建物や内部区画の塀が配置されている。外郭といった場合、内郭と対になる言葉である。飛鳥浄御原宮などでは中

図11　南門跡（3B712）

心殿舎のある内郭に対して、周囲に配置された官舎群を指しているが、城柵を語る場合は政庁にあたる内郭に対し、城柵の外側を明瞭に区画する施設の存在を重視する視点から、区画施設そのものに対して〝外郭〟という言葉が使われてきた。よって外郭となる遮蔽施設の存在は、城柵を見る上で重要な要素となっている。

ただしこの官衙の場合、内郭の遮蔽がなく、どちらかというと中枢部が中心南寄りに配置され、それ以外の官衙ブロックの遮蔽がそれぞれを区画しているため、結果として独立した空間を構成する様相となっている。それを官衙中枢部ととらえ、政庁の機能を果たしていたと考えている。

(二) 政　庁

官衙中央には石組池や石敷きの広場がある。その南側に桁行八間（身舎六間）、梁行五間（身舎三間）の東西一七・四《メートル》、南北一〇・八《メートル》の四面廂付建物（ＳＢ１２５０）があり、正殿と考えられている。この建物の北端に沿って、やや大きめの河原石が並べられ、建物北側に広がる石敷遺構（ＳＸ２４）と接している。

この石敷遺構は、直径二から五《センチ》の小粒の河原石を敷き詰めたもので、いわゆるバラス敷きとなっている。正殿の北から石組池の南までの東西一〇《メートル》以上、南北一三《メートル》の範囲で広がり、石敷きの広場を形成していると考えられる。なお正殿の西と東からは石敷きは発見されていない。

この石敷きの北東には、前述した方形の石組池（ＳＸ１２３５）がある。後世の撹乱により側壁上面と底面の石は外されている。しかし本来は全面に石が張られていたと考えられる。この池の北壁と西壁には給排水用とみられる石組溝跡（ＳＤ１２４９、１２３６）が接している。断続するが

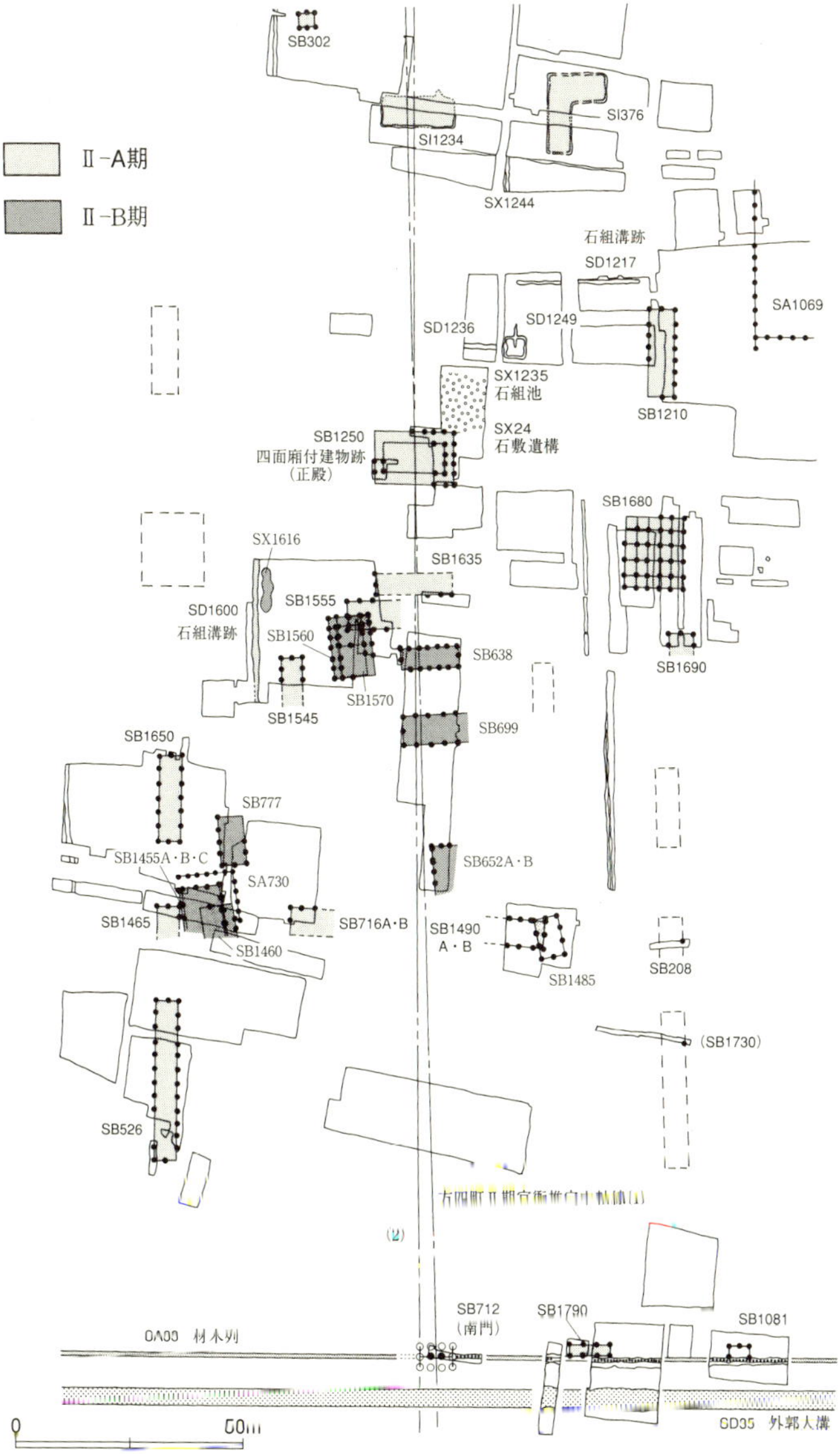

Ⅱ-A期
Ⅱ-B期
SB302
SI1234
SI376
SX1244
石組溝跡
SD1217
SA1069
SD1236
SD1249
SX1235
石組池
SB1210
SB1250
四面廂付建物跡
（正殿）
SX24
石敷遺構
SB1680
SX1616
SB1635
SD1600
石組溝跡
SB1555
SB1560
SB638
SB1690
SB1570
SB1545
SB699
SB1650
SB777
SB652A・B
SB1455A・B・C
SA730
SB1465
SB716A・B
SB1490
A・B
SB208
SB1460
SB1485
(SB1730)
SB526
(2)
SB712
（南門）
SB1790
SB1081
0
50m
外郭大溝

図45　方四町Ⅱ期官衙内部

周辺でも他に二条（ＳＤ１２１７、１６００）見つかっており、接続していた可能性がある。

　これらの石組溝はコブシ大の河原石を敷き並べて底面とし、側壁では同じ河原石でもやや大きいものを二、三段積み上げているか、扁平な石を縦に置いている。残存が良好な箇所では内法寸法が二〇から三三センチ（ＳＤ１２１７）と五〇センチ（ＳＤ１２３６）のところがある。やや離れるが南で検出されている石組溝（ＳＤ１６００）では石の残存はよくないが、掘り方がともなっていたことがわかる。また現状での底面から側壁上部までの高さは八から二〇センチであるが、石敷遺構上面からでは、さらに二〇センチほど深かったことが考えられる。南で発見される石組溝底面の標高が下がっているため、北で給水されたものが南方向に排水されていたものと推定される。

　石組池や石敷きの東側には桁行七間、梁行二間で南北一八・三メートル、東西五・六メートルの南北棟建物（ＳＢ１２１０）がある。この建物跡は主柱穴に密接するよう束柱痕跡があり、床張りの建物である。このほかに郡山遺跡内でこのような構造を示す建物は正殿の南に位置する建物跡（ＳＢ１５５５）のみで、建物の残存状況にもよるが他には発見されていない。この南北棟建物（ＳＢ１２１０）の桁行中央と石組池とが対面する位置にあることから、池との関連を考えておきたい。石敷きの広場のなかにあって池と一体になった使われ方を想定しておく。この建物から池を望み、西前方に見えたのが太白山である（図69、本書コラム「石組池」参照）。

　これらの遺構の南には数棟の建物（ＳＢ１６３５、１５５５など）により、「ロ」の字形に建物が配置されている。建物に囲われた範囲は、東西五〇メートル、南北四六メートルとなり、官衙中央に広場が配

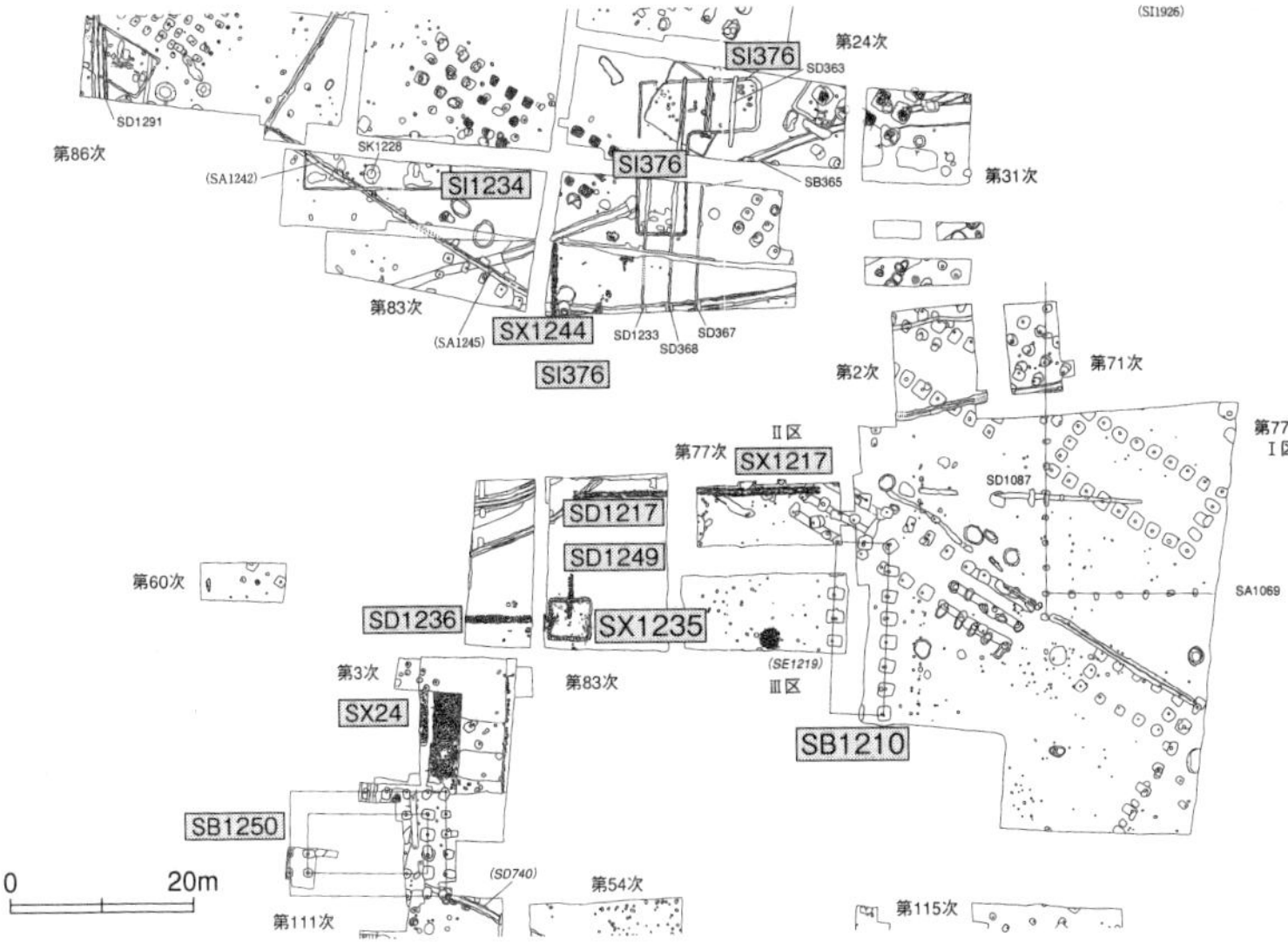

図46　石組池跡周辺平面図

されている。正殿とはちがい、これらの建物が配置された地区は、やや西に方位が振れた建物に建て替えられたり、広場内に追加されたりしていく（Ⅱ—B期）。

またこれらの建物群を南北棟による建物列が東西から挟むような配置がなされている。この建物列は棟通り間で一〇五メートルとなっている。この建物列の東列中に桁行五間、梁行五間で南北一四・七メートル、東西一三メートルの南北棟の総柱建物（SB1680）がある。建物の柱穴のうち外側の柱が相ふうの小形のもので、内側に大形の柱穴が配置されている。内側の柱穴は柱痕跡が九〇センチを超えるものがあり、掘り方もテラス状に張り出す箇所がある。底面にコブシ大の河原石も敷き詰められており、周囲の建物とくらべ構築方法が異色である。柱に用いた用材が長いことと、荷重が他の建物よりかかっていることが考えられる。倉庫とする見方もあるが、重層の建物である可能性を考え、正殿のすぐ脇にあることからも、楼閣となることを推定しておきたい。

正殿や池周辺の建物では、抜き取り穴や建て替えは認められず、創建時に建てられてから官衙の終末まで存続していたようである。しかし南に配置された建物では、一部の建物が火災に遭っていたことが確認されており、その後再建されるが、その建て替え時からやや西に方位が振れた建物が出現する（Ⅱ—B期）。この方位のちがう建物の増加により、整然としていた建物配置が政庁南部では大きく変容していく。

(三) 南東部

この地点は方四町Ⅱ期官衙の南東隅に位置している。一九七九（昭和五十四）年に民間開発にともなって初めて発掘調査された地点である。他の方四町Ⅱ期官衙の内部とちがい小規模な建物が複数棟確認されている。とくに東区一号掘立柱建物跡とよばれる桁行五間、梁行二間で東西一三・二メートル、南北五・六メートルの東西棟の建物は、火災に遭い、その柱の抜き取り穴から焼けた土に混じり須恵器の高台坏や蓋、大甕が出土しており、Ⅱ期官衙の前半期、Ⅱ—A期とⅡ—B期を画する時期の遺物と考えられる。

また五号掘立柱建物跡の抜き取り穴からも多量の焼けた土や炭とともに、漆喰の塗られた壁材が出土している。この地区でも、政庁でⅡ—B期が出現するような火災に複数の建物が遭っていたことをうかがわせる。

この地区には焼土遺構とされた壁面に火熱を受けた土坑が四基ほど発見されている。規模は長軸一メートル程、短軸〇・五から〇・七メートル、深さ〇・一から〇・二メートルの穴である。周囲からは、フイゴ羽口

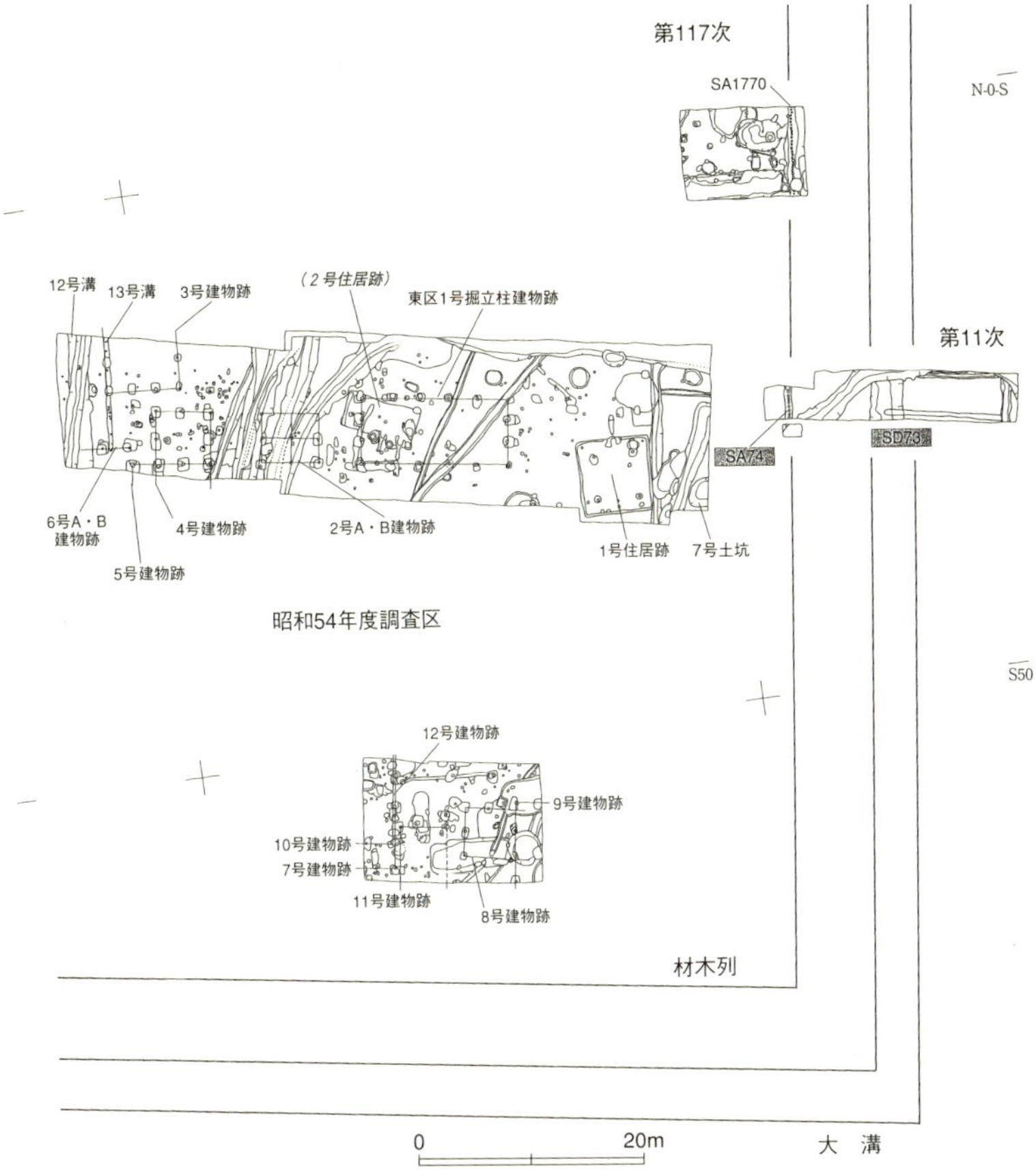

図47 方四町Ⅱ期官衙南東部

や漆運搬用の土師器壺などが出土している。その様子からは、なんらかの製作にかかわる場であった可能性を考えたい。Ⅰ期官衙のような工房が取り込まれていたことを示唆するものかもしれない。

(四) 中央北部

石組池や石組溝、石敷き広場の造られた方四町Ⅱ期官衙の中央より北では、きわめて遺構が希薄となる。南辺よりほぼ三町(三二七メートル)の位置に

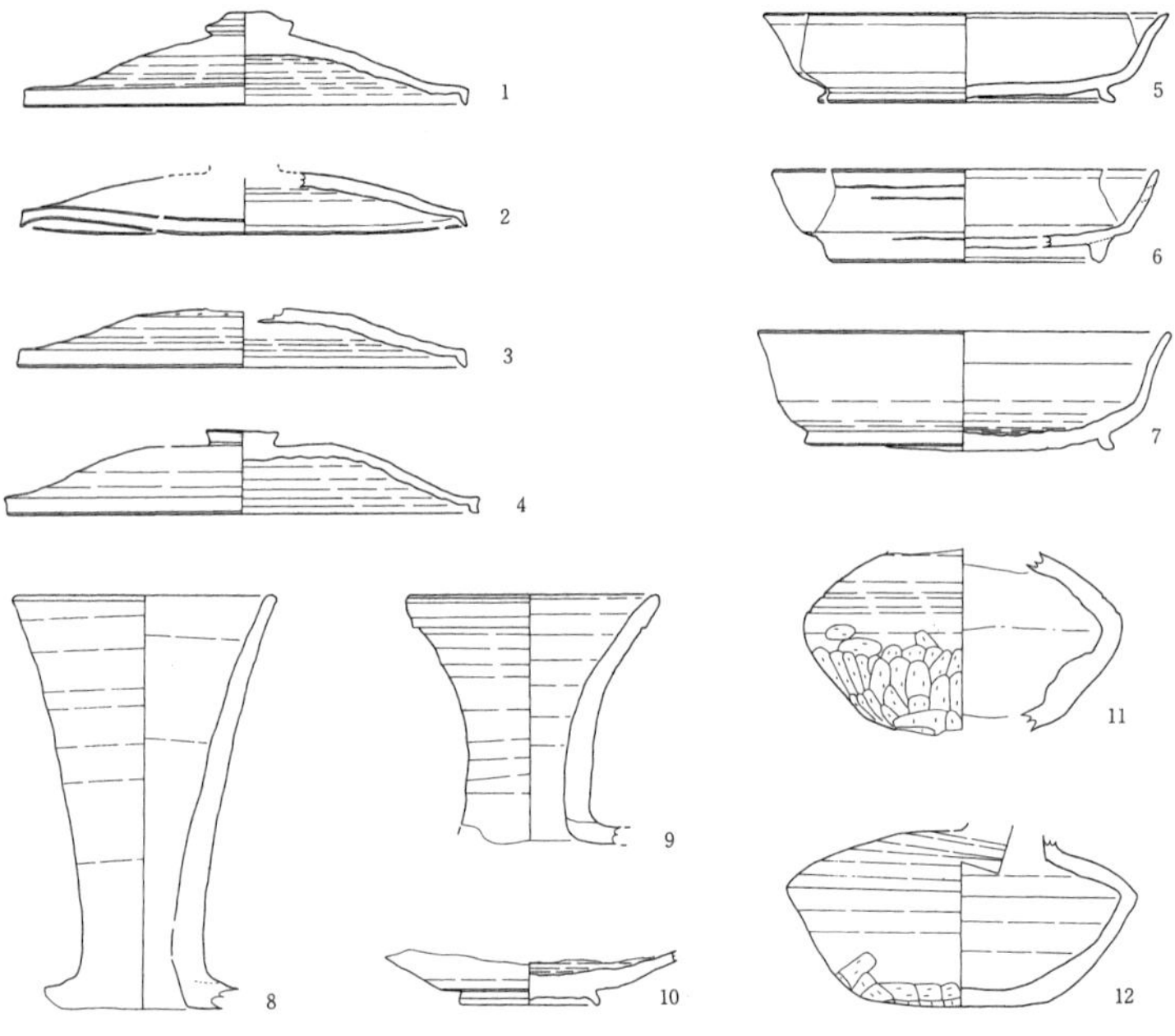

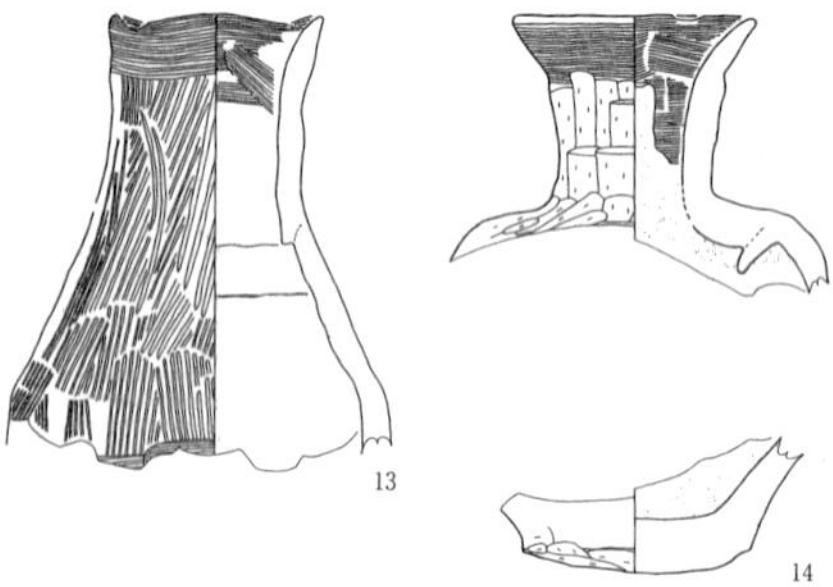

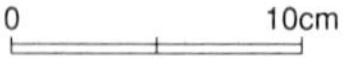

1～12：東区1号掘立柱建物跡抜き取り穴
13・14：7号土坑、内部にウルシ付着

図48 1979（昭和54）年度調査区出土遺物

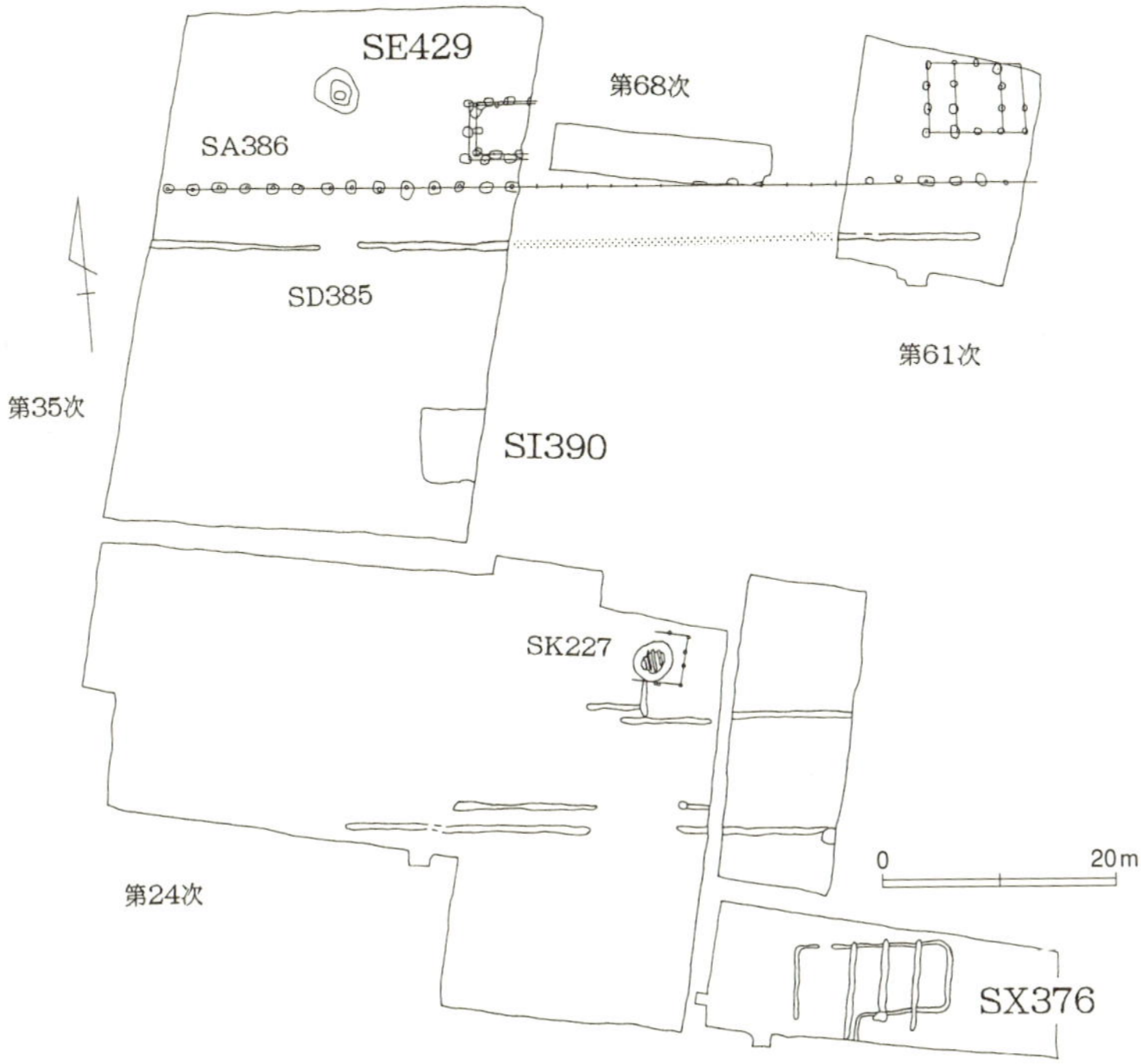

図49　方四町Ⅱ期官衙中央北部

一本柱列（塀、ＳＡ３８６）と溝跡（ＳＤ３８５）が対になってあり、それより北では小規模な建物跡や井戸跡が発見されている。それより南では竪穴住居跡あるいは竪穴遺構（ＳＩ３９０）や、氷室ではないかとの指摘のある土倉状の遺構（ＳＫ２２７）のみである。

遺構の検出されなかった部分では、Ｉ期官衙の時期に多くの建物や塀が造られていた。方四町Ⅱ期官衙の中央より一本柱列（塀、ＳＡ３８６）までの間は、どのような使われ方をしていたのだろうか。整然と配置された掘立柱建物跡がないことからは、儀礼や実務的な官衙の場ではないのだろう。石組池からつづく苑池のような使われ方を想定しても、植栽されたような痕跡などがないため、使われ方の実像は明らかにできないでいる。

4　南方官衙

方四町Ⅱ期官衙の南には、外郭南辺から約五〇《メートル》隔てた外溝の南に「南方官衙」（東地区・西地区）とよぶ建物群がある（図53参照）。

この地区の建物は、方四町Ⅱ期官衙内部の主要建物と同等か、それ以上の規模のものである。大きく二時期の変遷があると考えられる。

東地区では桁行一〇間、梁行二間で東西二三《メートル》、南北五《メートル》程の東西棟建物が三棟（ＳＢ１３０６、１３２０、１３２１）並んで発見されている。そのうち東側の二棟は火災に遭っている。重複関係がないため、断定することはできないが、西側の一棟（ＳＢ１３２１）は建物の方位がややずれていることと、掘り方がやや歪むものが多いことから、東側の二棟（ＳＢ１３０６、１３２０）が火災で焼失した後に建て替えられた可能性を考えたい。

またこれら東西棟の南側に位置する桁行五間以上、梁行一間以上の建物跡（ＳＢ１１９１）は、北に対面する建物と同じように建物の周囲に溝が巡っており、柱穴の配置、規模からも、北の三棟と同様な規模の大きな東西棟建物と考えられる。

これらの建物については、桁行き方向の長い建物（長舎ともいう）が並ぶ様相から、郡レベルの役所の政庁にならないかと考えたことがある。時代がやや下がるが、八七八（元慶二）年、秋田城が夷俘の攻撃により炎上した際に、秋田城の被害報告のなかで「秋田城」に引きつづき、「郡院屋舎」との記述が出てくる。一連の被災記事とみるか、広域の範囲での記事とみるかにもよるが、前者によるならば城柵本体の近傍に郡院が存在した

図50　南方官衙東地区（手前 SB1306、奥 SB1321）

面積比較表

梁行(m)			面積 (m²)	性格	備考
間	柱間	総長			
5	2.00～2.20	10.8	226.80	南方官衙西地区	二面廂
4	2.0～2.25	8.8	172.48	南方官衙西地区	三面廂
5	2.05～2.35	10.8	187.92	正殿	四面廂
5	1.9～2.5	11.0	215.01	南方官衙西地区	四面廂
3	2.2～2.8	8.0	96	寺院東方建物群	四面廂
2	2.43～2.49	4.9	161.7	Ⅱ期官衙中枢部	長舎
2	2.5～2.65	23.7	123.24	南方官衙東地区	長舎
2	2.3～2.8	5.2	122.2	南方官衙東地区	長舎
2	2.5	5.0	117.5	南方官衙東地区	長舎
5	2.43～2.72	12.8	189.44	楼	楼
4	2.4～3.6	12.0	273.60	正殿	四面廂
4		15.0	240.00	脇殿	東西二面廂
2		6.6	238.92	後殿	長舎
3	3.3～4	11.8	230.10	正殿	南面廂
4	2.7～4.5	12.6	226.80	正殿	南面廂
2		6.9	225.63		長舎
2		6.7	221.77		長舎
4		12.1	214.17	正殿	南面廂
5	2.4	12.1	211.75		四面廂
4		13.2	211.20	脇殿	舎身に礎石　東西二面廂
3	3.5～5	12.0	198.00	正殿	南面廂
4		12.0	192.00	脇殿	舎身に礎石　東西二面廂
	2.7	10.8	189.00	後殿	南北二面廂
3		11.3	188.71	正殿	南面廂
3	2.8～4.5	12.0	180.00	正殿	南面廂
		8.5	178.50	政庁北方地区	長舎
3	3	9.0	170.10		長舎
4		11.9	165.41		東・南北三面廂
3	3	9.0	162.00	正殿	四面廂
3		9.8	155.82	正殿	南面廂
4	2.2～3.1	11.0	152.90		四面廂
4		9.1	151.06	北方官衙	西面廂
4		9.1	151.06	北方官衙	長舎

表2　建物跡

遺構番号			桁行(m)		
			間	柱間	総長
郡山遺跡SB2010	掘立	南北棟	10	2.00～2.20	21.0
郡山遺跡SB2015	掘立	南北棟	7	2.3～3.1	19.6
郡山遺跡SB1250	掘立	東西棟	8	1.95～2.3	17.4
郡山遺跡SB1277	掘立	東西棟	8	1.9～2.8	19.6
郡山遺跡SB996	掘立	東西棟	5	2.1～3.0	12.0
郡山遺跡SB526	掘立	南北棟	12	2.46～2.92	33.0
郡山遺跡SB1306	掘立	東西棟	10	2.2～2.5	23.7
郡山遺跡SB1320	掘立	東西棟	10	2.2～2.5	23.5
郡山遺跡SB1321	掘立	東西棟	10	2.1～2.7	23.5
郡山遺跡SB1680	総柱	南北棟	5	2.48～3.37	14.8
多賀城跡SB150B	礎石	東西棟	7	2.4～3.6	22.8
多賀城跡SB1150A	掘立	南北棟	5	3.2	16.0
泉廃寺遺跡17-11号	掘立	東西棟	10		36.2
多賀城跡SB150A	掘立	東西棟	5	3.8～4.1	19.5
秋田城跡SB748	掘立	東西棟	5	3.6	18.0
市川橋遺跡SB1000	掘立	南北棟	11		32.7
市川橋遺跡SB1010	掘立	南北棟	11		33.1
払田遺跡SB110	掘立	東西棟	5		17.7
名生館遺跡SB01	掘立	東西棟	7	2.5	17.5
多賀城跡SB1150B	礎石・掘立	南北棟	5	3.2	16.0
秋田城跡SB745	掘立	東西棟	5	3.3	16.5
多賀城跡SB1150C	礎石・掘立	南北棟	5	3.2	16.0
多賀城跡SB170C	礎石	東西棟	5	3.5	17.5
払田遺跡SB111B	掘立	東西棟	5		16.7
秋田城跡SB746A	掘立	東西棟	5	3.3	15.0
多賀城跡SB511A・B	掘立	東西棟	7	3	21.0
秋田城跡SB022	掘立	南北棟	7	2.7	18.0
徳丹城跡SB850	掘立	東西棟	6		13.9
志波城跡SB500	掘立	東西棟	6	3	18.0
払田城跡SB111C	掘立	東西棟	5		15.9
秋田城跡SB1001	掘立	南北棟	5	2.5～3.1	13.9
胆沢城跡SB430B・C	掘立	南北棟	7		16.6
胆沢城跡SB430A	掘立	南北棟	7		16.6

図51　南方官衙西地区

ことになる。正倉の存在や方四町Ⅱ期官衙との関連を整理しなくてはならないが、可能性の一つとして挙げておく。

西地区では大型の廂付き建物三棟などが発見されている。南北棟の二棟（ＳＢ２０１０、２０１５）に重複はないが、建てられた位置から同時には存在しない。出土した遺物から東側のＳＢ２０１０建物跡の方が新しい時期の建物とみられる。この三棟は廂や間仕切りが付き、その床面積は、郡山遺跡内の建物に留まらず東北地方の城柵官衙遺跡のなかで最大級である（表２参照）。

それでは、この三棟の建物はいったいどのような機能を果たしていたのだろうか。

ＳＢ２０１５建物跡については三面廂で、さらに外側に孫廂のように柱穴が廻っている。この構造については、吉田歓の指摘によれば「年中行事絵巻」に描かれた平安宮建礼門前の土廂や、平城

図52　年中行事絵巻から

宮東院楼閣宮殿の復元図などから、下屋状の屋根が考えられるという。また復元模型ではあるが飛鳥御浄原宮のエビノコ郭の大殿には縁があり、その外側には階段が取り付けられている。したがって下屋と見ても、階段の痕跡と見ても、この建物の出入りは西側からと見てよさそうである。

ＳＢ２０１０建物跡についても東西二面に廂があり、間仕切りのある構造となっている。このような平面構造は平城京左京五条二坊内の建物や長屋王邸Ｂ期の建物に見られ、平城京内の一区画内でも主要殿舎に相当する建物跡である。

西側のＳＢ１２７７建物跡についても方四町Ⅱ期官衙内の正殿（ＳＢ１２５０）より規模が大きく、重要な建物と考えられる。

これらの建物の機能については、周囲の建物配置等がもう少し明らかになる必要があるが、二つの点にだけ留意しておきたい。

まずひとつは、SB２０１０建物の下限年代が八世紀後半代で、方四町Ⅱ期官衙の終末より降るのではないかとみられることである。この点は後で述べる郡山廃寺の終末と同様であり、南方官衙西地区は、終末時期については方四町Ⅱ期官衙と連動していないと考えられる。もうひとつは、建物の構造が通常の官衙建物とは異なる点で、とくにSB２０１５建物跡については土廂あるいは階段の取り付く建物である。寺院の東北方にあり廂付建物が配置されているものとしては、奈良時代に国分寺や国分尼寺の例で「政所院」と考えられているものがある。政所院は寺院内でも役所的な機能を果たした部分といわれている。断定することはできないが、その機能を示唆することを考慮に入れておきたい。

5　寺院東方建物群

以上述べてきた「南方官衙」の東地区の南側、郡山廃寺と並ぶ位置に、「寺院東方建物群」とよぶ建物群がある。

この地区では規模は小さいながら、一三棟の建物が建て替えられていた。他のⅡ期官衙とちがい、以下のA～Cの三時期に渡る変遷が明瞭になった地区である。

〈A期〉

桁行三間、梁行二間の小規模な建物によって構成され、建物の基準方位が真北方向のものの。建物跡としては、SB１１１４a、SB１１１９、SB１１３２a・bがある。

〈B期〉

小規模な建物を建て替え、廂付き建物やこれ

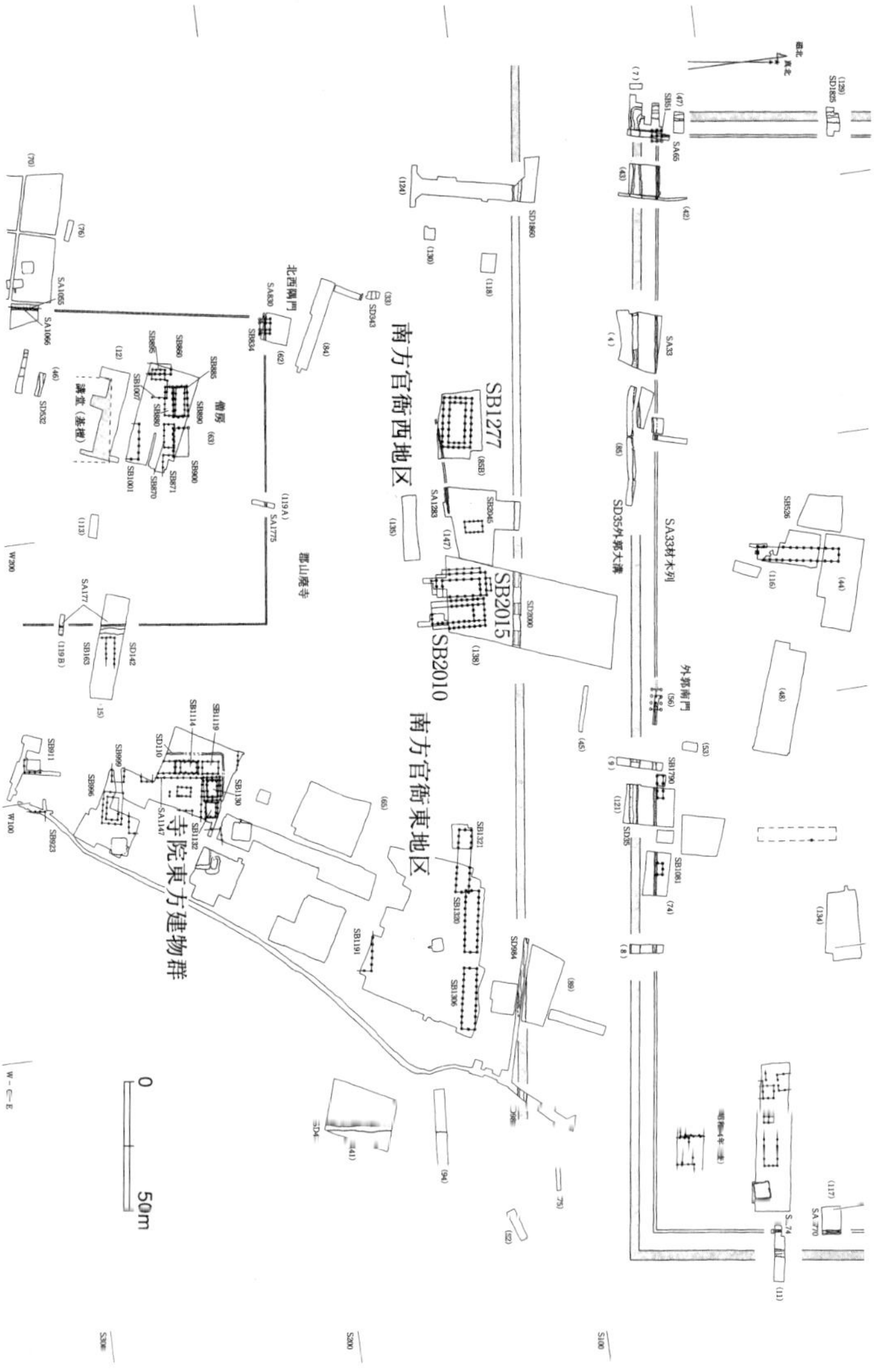

図53　南方官衙・寺院東方建物群全体図

図54　寺院東方建物群

までよりやや規模の大きい建物で構成される。建物の基準方位は真北方向のままである。建物跡としては、ＳＢ１１１４ｂ、ＳＢ１１３０ｂがある。

〈Ｃ期〉

塀跡が出現し、やや規模の大きい建物で構成される。建物の基準方位は真北より二から三度東に振れる。建物群の中心がやや南に移っている。建物跡としては、ＳＢ１１４８、ＳＢ９９６、ＳＢ９９９、ＳＢ１１２０、ＳＡ１１４７がある。

この他にも建物の一部のみ検出されているものがあるが、建物の建てられた基準方位から、Ａ期かＢ期かのいずれかの時期に属すると考えておく。

またＳＤ１１１０溝跡は小規模な浅い溝跡であるが、真北方向から真東西方向にＬ字形に屈曲し

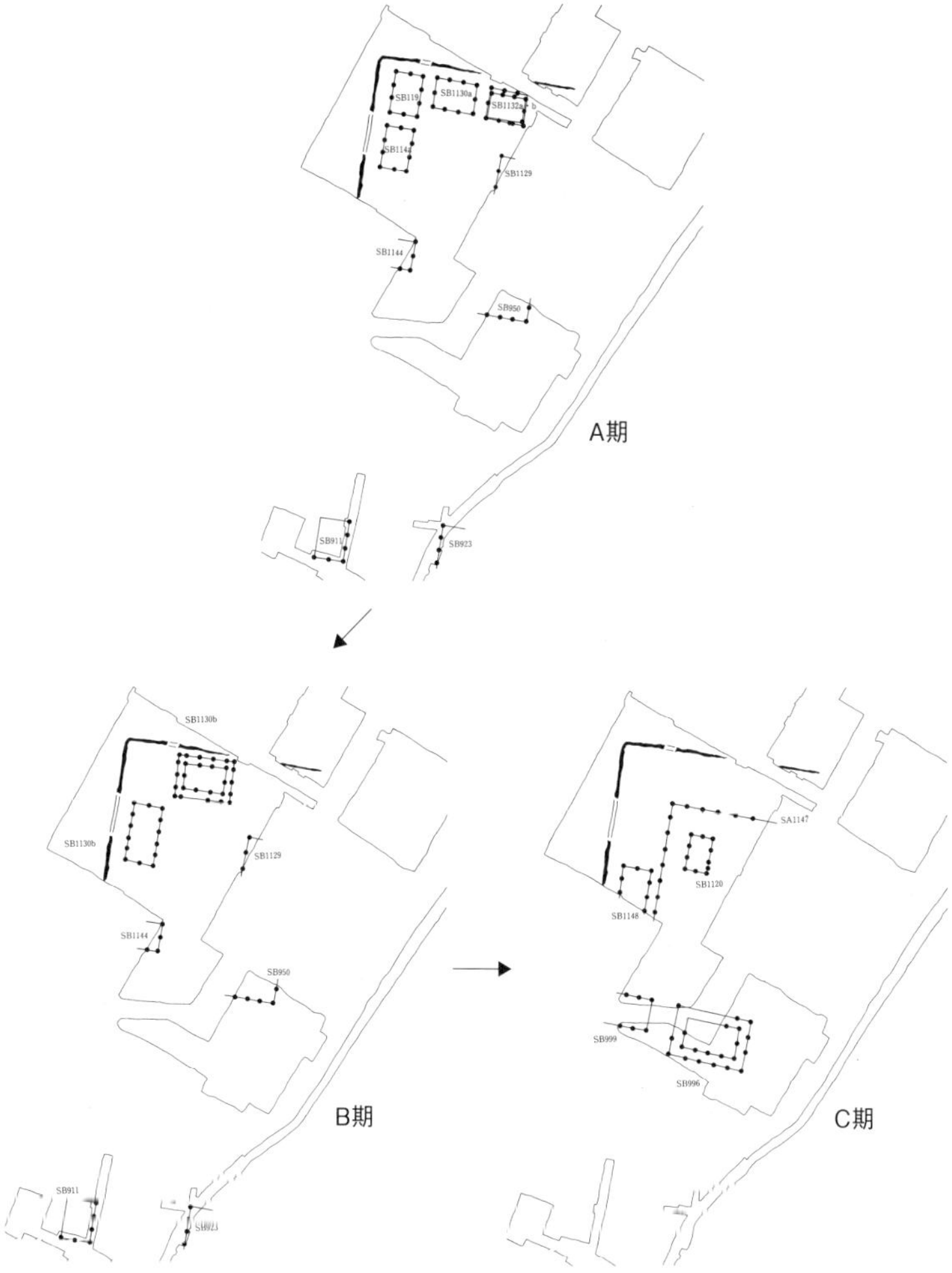

図55　寺院東方建物群変遷図

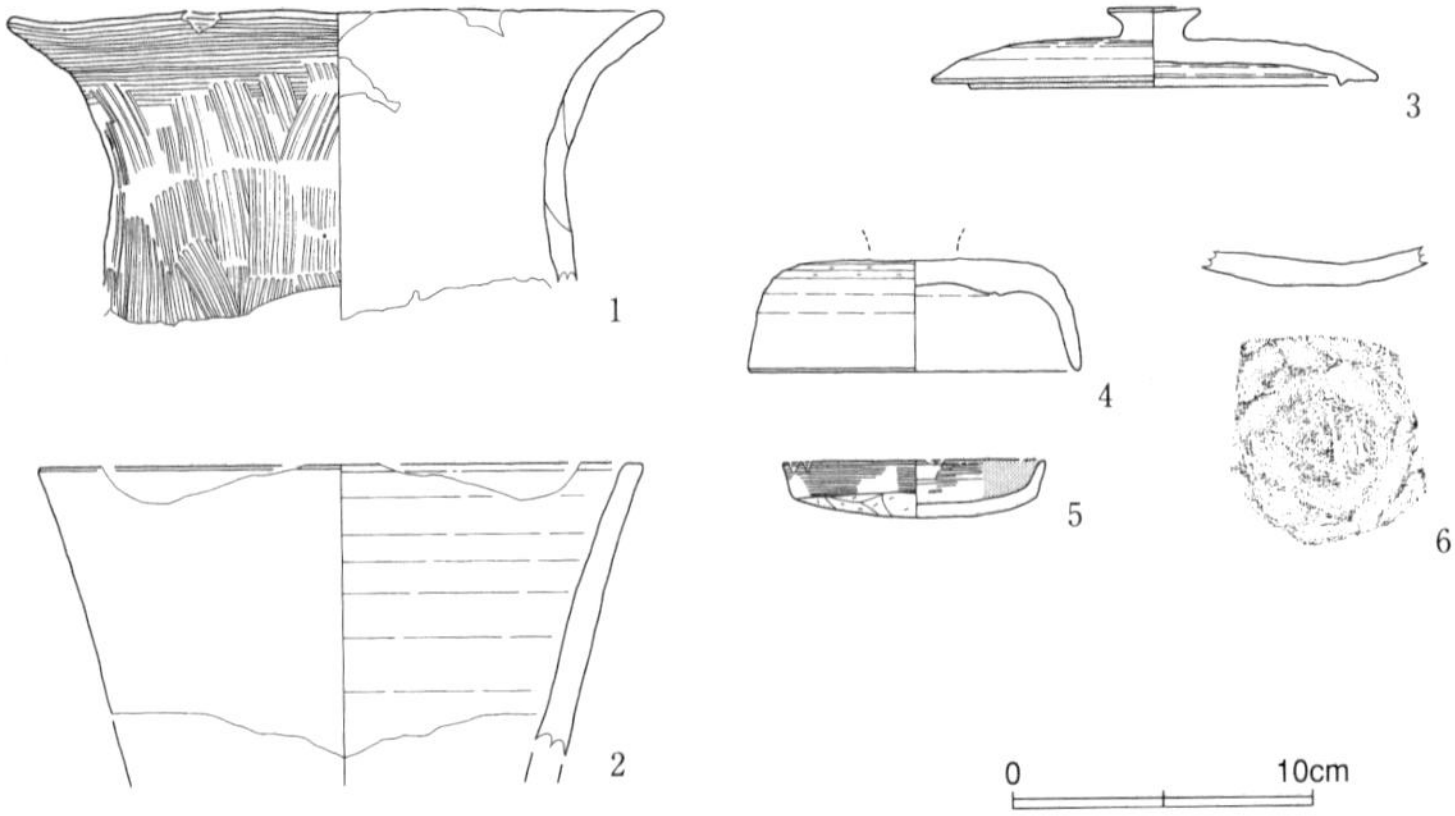

1：土師器甕　2：須恵器甕　3・4：須恵器蓋　5・6：土師器坏

図56　SI948出土遺物

て延びている。さらに各時期の建物跡は溝跡の東あるいは南側に集中しており、溝跡を跨ぐような建物跡もないので、この溝跡は周囲との区画となっていたと考えられる。

　これらの建物群の変遷を見ると、当初は桁行三間、梁行二間の小規模な建物が並んで建てられ、その後に四面廂付建物（ＳＢ１１３０ｂ）とやや大型の建物（ＳＢ１１１４ｂ）に建て替えられている。さらにそれらを取り壊したのち、塀跡（ＳＡ１１４７）により遮蔽して南に大型の建物（ＳＢ９９６）などが建てられる。塀跡の位置からはＡ期あるいはＢ期に建てられた建物の一部もＣ期にまで残っていた可能性がある。

　ＳＤ１１１０溝跡の東に接するように竪穴住居跡が同位置で四回建て替えられている。ＳＩ９５５→ＳＩ９６４→ＳＩ９５４→ＳＩ９４８の順である。出土した遺物（図56）をみるとＩ期官衙の

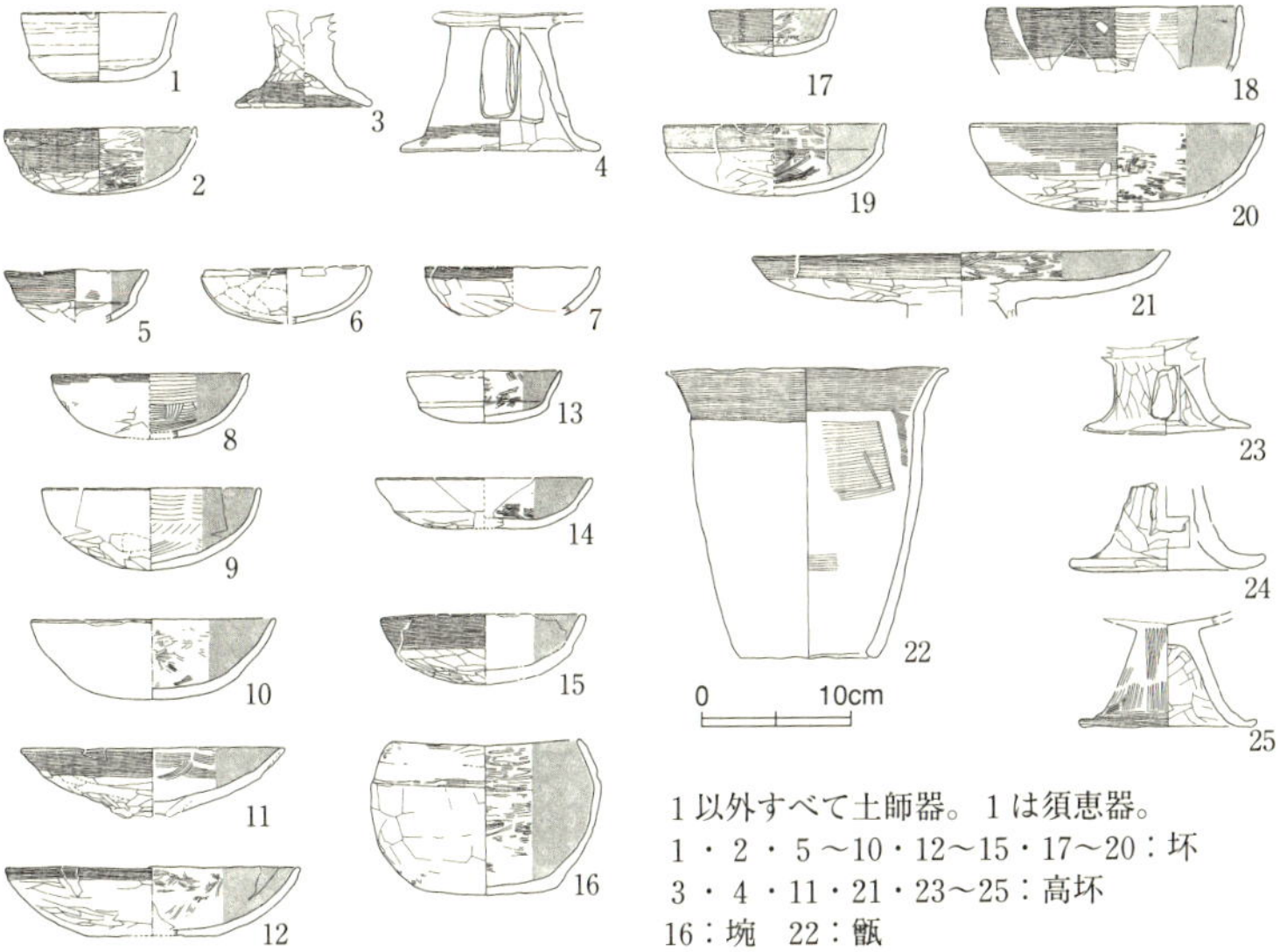

1以外すべて土師器。1は須恵器。
1・2・5～10・12～15・17～20：坏
3・4・11・21・23～25：高坏
16：埦　22：甑
1～5：SK1128出土

図57　寺院東方建物群出土遺物(1)

時期にさかのぼりうる須恵器の小形の蓋類などは見られない。むしろ最も新しいＳＩ９４８からは扁平でカエリが退化し、口径がやや大きくなった蓋が出土し、Ⅱ期官衙の後半まで機能していたことをうかがわせる。これらの竪穴住居跡についても建物跡と同様に真北方向を向いて建てられていることから、寺院東方建物群のなかに取り込まれていたものと考えられる。

これらの時期については、Ｂ期のＳＢ１１３０ｂ建物跡を切る（柱穴を壊すように掘り込まれている）穴であるＳＫ１１２８土坑から、土師器では窓のある高坏（図57の4）や、やや小形の須恵器坏（図57の1）が見られる。さらにこれらの遺構の検出上面からは、きわめて多くの土器類（図57の5～16・図58）が出土している。須恵器の高台坏が多く含まれ、扁平なカエリのある蓋とカエリのない蓋が混在している。またⅡ期官衙の他の

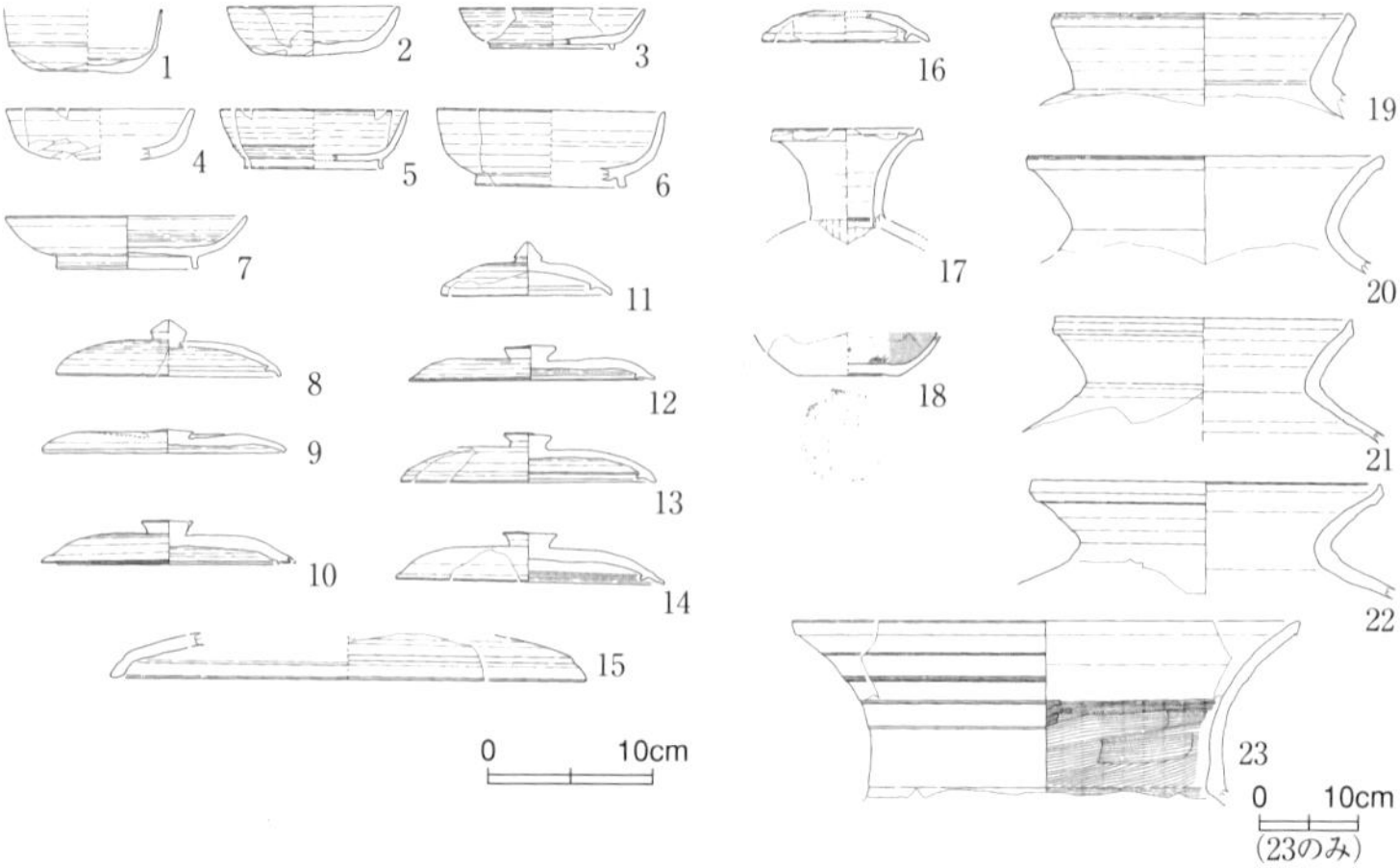

18以外すべて須恵器。18は土師器。
1・2・4・18：坏　3・5～7：高台坏　8～16：蓋　17：長頸壺　19～23：甕

図58　寺院東方建物群出土遺物(2)

地区では、ほとんど出土していない須恵器の甕が多く出土している。これらの土器は遺構を覆うように出土していたことから、これらの建物群の最終段階で投棄されたものと考えられる。

これらの土器群の様相は、須恵器蓋のカエリのあるものとないもの、宝珠形のツマミとボタン状のツマミのものが混在する点で、同じ特徴を示している。ところが同じⅡ期官衙でも一九七九（昭和五十四）年度調査東区一号掘立柱建物跡抜き取り穴出土の遺物（図48参照）では、須恵器蓋がカエリのないもののみで占められ、年代的には新しくなるものと考えられる

それならば寺院東方建物群は、方四町Ⅱ期官衙内のＳＩ３９０とほぼ同時期で、一九七九（昭和五十四）年度調査東区一号掘立柱建物跡抜き取り穴出土の遺物よりさかのぼる時期に最終期を迎えている可能性が出てくる。須恵器蓋の形態的特徴

とその割合からだけの見解なので、断定することはむずかしいが、Ⅱ期官衙の終末を考える上で重要である。

　寺院東方建物群の建物は、方四町Ⅱ期官衙内で発見されている建物とのちがいを見出せる。方四町Ⅱ期官衙内の主要な建物跡の多くは、柱穴の掘り方が〇・八から一メートル程で、柱痕跡も二〇から三〇センチかそれ以上のものが多い。それに対し、この地区の建物だけは、各時期とも柱穴の掘り方や柱の痕跡が総じて小さく、A期に見られる桁行三間、梁行二間の小規模な建物である。またB期の廂付建物（SB1130b）にしても、他の廂付建物の床面積が二〇〇平方メートル前後であるのに対して六〇平方メートルしかなく、方四町Ⅱ期官衙内の建物とは異なった機能を果たしていると考えられる。

　出土した土器類の量が他の地区を圧倒した量であることや、貯蔵容器である甕の出土があることから、この地区が生活空間ではないかと考えた。周辺の官衙より早い段階で終息することは、一定の階層の官人層が方四町Ⅱ期官衙の終末前に、この地から移動したことを物語っているのではないだろうか。

6　寺院西方建物群

　郡山廃寺の北西側に材木列で区画された建物群がある。建物跡の全容が明らかな遺構には総柱建物跡が多い。方四町Ⅱ期官衙の内部でも総柱建物はきわめて稀で、複数の総柱建物が検出されるような地点は今のところ発見されていない。Ⅱ期官衙全体から見ても、この地区でのみ総柱あるいは束柱のある建物群が検出されている。

　東西二間、南北二間の総柱建物跡（SD1390）と、東西二間、南北二間かそれ以上の総柱建

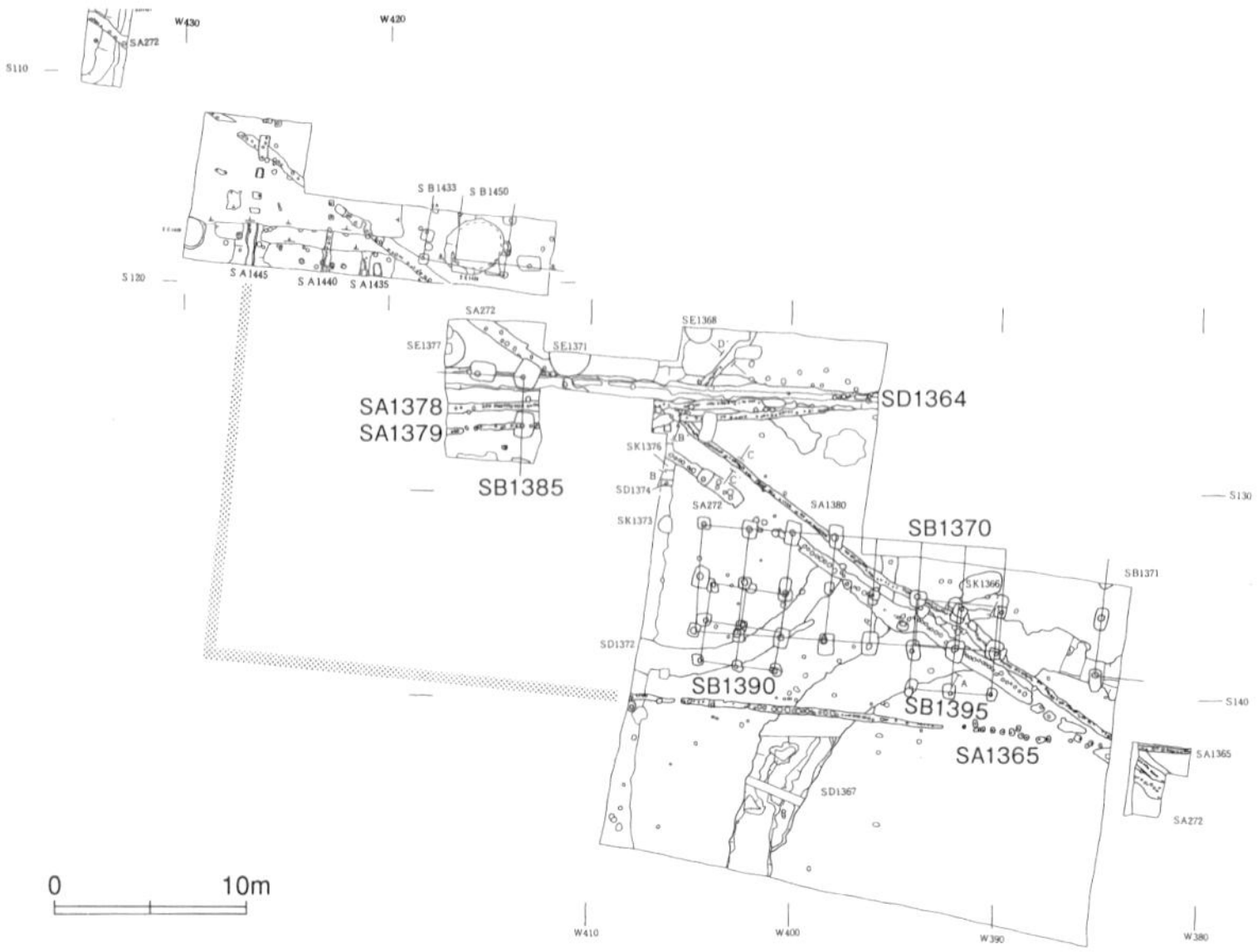

図59　寺院西方建物群

物跡（ＳＢ１３９５）が軒を揃えるように建ち並んでいる。これらの建物を取り壊してから、桁行七間、梁行二間の東西棟（ＳＢ１３７０）のやや規模の大きい建物に建て替えられている。この建物は梁行方向に沿って束柱と考えられる柱が配置されており、床が貼られ一定の荷重に配慮された構造とみられる。

Ⅱ期官衙になると倉庫風の建物は激減する。Ⅰ期官衙の中枢部周辺で、倉庫院を構成していたような建物はなくなるのであるが、わずかにこの寺院西方建物群に引き継がれたことになる。物資の集積能力に大きな差があり、この点だけでもⅠ期官衙とⅡ期官衙の果たしていた機能にちがいがあることが明らかである。

この地点で注目されるのはこれらの建物と区画する材木列、溝跡との併行関係についてである。遺構で重複のあるものは先に述べたＳＢ１３９

図60　寺院西方建物群（SB1370）

０・１３９５とＳＢ１３７０、さらにＳＢ１３８５とＳＡ１３７８・ＳＡ１３７０・ＳＤ１３６４である（図59参照）。南を区画するＳＡ１３６５は、他の遺構との重複関係はないが、ＳＢ１３９０・１３９５と一・八メートル（六尺）離れ並行している。さらにＳＢ１３７０もＳＡ１３６５とは三・六メートル（一二尺）離れ並行している。南を区画するＳＡ１３６５はこれら二時期の建物群にともなっていた可能性が高い。さらに西のＳＢ１３８５は、ＳＢ１３７０の西梁行から九メートル（三〇尺）離れ、ＳＡ１３６５とも北柱列で一五メートル（五〇尺）離れ並行している。

ここまでで触れた遺構は、ほぼ真北を向いた二時期の遺構変遷としてとらえられるが、これ以降の材木列（ＳＡ１３７８、１３７９）については、真東西方向から一〇度程北に傾く方向、いわゆる方四町Ⅱ期官衙内のⅡ－Ｂ期の遺構群と同じ方向を示している。どのような理由なのかは明らかではないが、Ⅱ期官衙の後半期に、ほぼ磁北方向となる遺構群が主要な官衙ブロック内に留まらず、広範囲に展開した可能性を示すものである。

ただし、この地区の機能が物資の収納のみなのか、それも付加された機能の一端なのかについては、この地区での調査をさらに蓄積する必要がある。遺構の全容が把握されているものが少なく、どのような遺構配置で、どのくらいの範囲に拡がっているのかを検証していかねばならない。

7　Ⅱ期官衙の機能とその終末

(一) Ⅱ期官衙の機能

方四町Ⅱ期官衙、南方官衙（西地区・東地区）、寺院西方建物群、寺院東方建物群などの様相を見てきた。これらの遺構群の規模や形状からは、この官衙を郡衙あるいは評衙と見るのはむずかしいことを示している。「○○柵」「○○城」といわれる城柵と見ても、方四町Ⅱ期官衙内に明確な政庁を区画する遮蔽がないことや、周辺の南方官衙、寺院西方、東方建物群などのあり方からは、八世紀代の城柵と同一視することはできないものと考えられる。このような規模や遺構の存在は、古代国家の直接的な関与がなくては成り立ち難いことであって、陸奥国の最も中心的な機能を果たす官衙として築かれたと見るべきである。

Ⅱ期官衙は、中心となる官衙内に方形池や石敷遺構が存在することなどから、飛鳥地方で行っていた蝦夷への服属関係を示す儀礼を、現地で実施することに重要な使命が課せられた官衙である。また、藤原宮の条坊制の一坊分を外溝で区画していること、その中に一まわり小さく正方形の官衙を配置していること、外周帯と同じような空間地

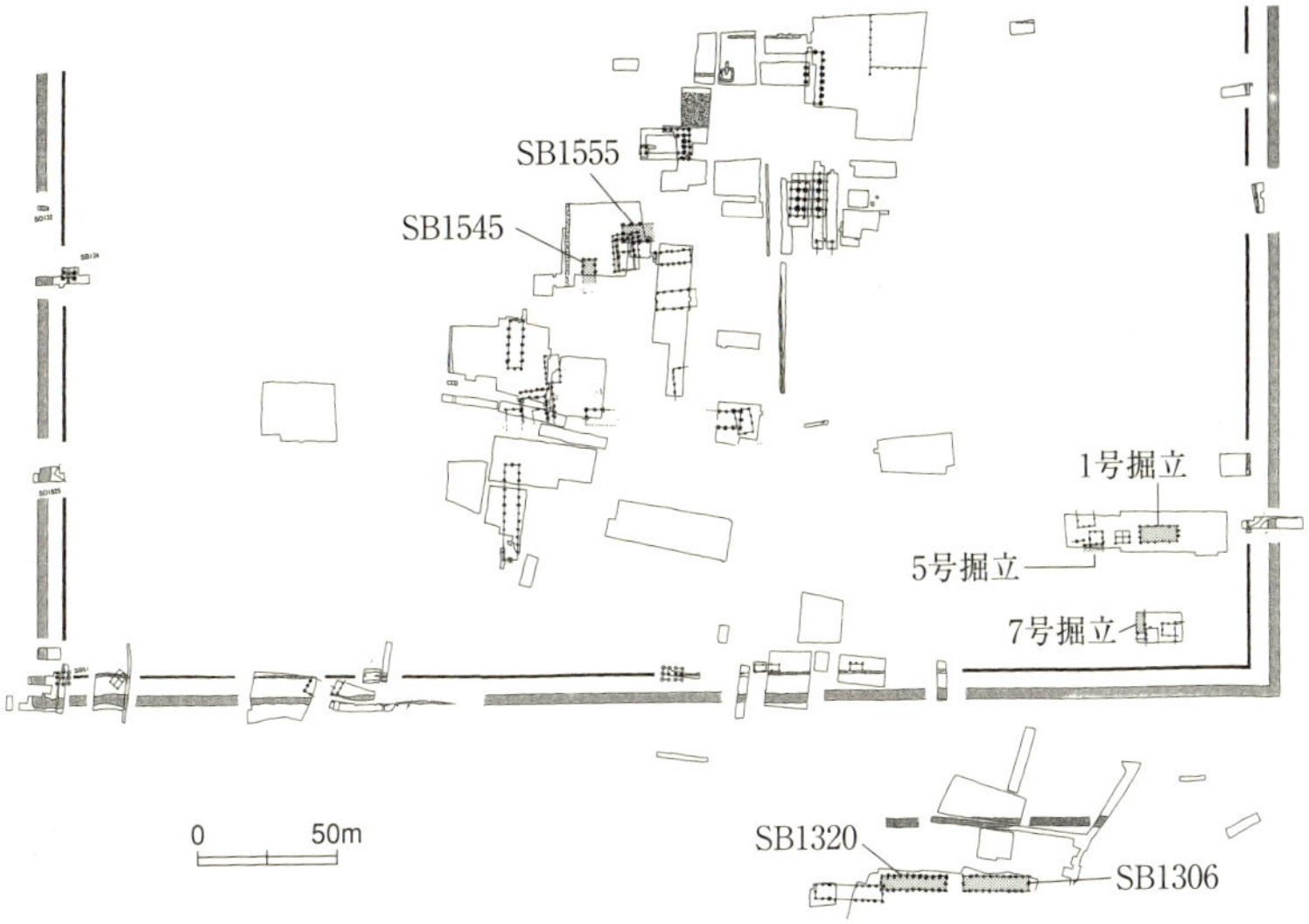

図61　火災に遭った建物跡

を有していること、さらに朝堂風の長舎構造の南北棟が中心殿舎の南前面に列をなすことなど、当時の最新の宮都である藤原宮の要素を取り入れて造られている。このような様相から、Ⅱ期官衙は陸奥国府として造られたと考えるべきである。

(二)　Ⅱ期の官衙の終末

この官衙がどのような終末を迎えるのかについて、あらためて整理しておきたい。

まず注目したいのは、Ⅱ期官衙のうち方四町Ⅱ期官衙の中枢部や南東部、南方官衙の建物で火災に遭った建物があることである（図61）。それぞれの地区で火災に遭った建物を列記すると、次のようになる。

中枢部

ＳＢ１５５５、ＳＢ１５４５

南東部

一号掘立柱建物跡、五号掘立柱建物跡、七号掘立柱建物跡（昭和五十四年度調査）

南方官衙東地区

SB１３０６、SB１３２０

これらのなかで、SB１５５５は火災の後に建て替えられており、三時期に及ぶそれらの建物は、すべてⅡ―B期に属するとみられるものである。また南方官衙東地区のSB１３０６、SB１３２０の両建物も火災の後に西に同規模のSB１３２１が建てられた可能性がある。この火災の規模がどのくらいの範囲に及ぶのか、同時期なのかについては、今後に検証を重ねる必要があるが、複数地点で建物の建て替えに繫がる重要なできごととしてとらえておく。

とくに主要官衙である方四町Ⅱ期官衙の内部では、政庁南部で創建期にはSB１６３５をはじめとする数棟の建物により「ロ」の字形に建物が配置され、そのなかに広場が配されている。そこにⅡ―B期に属する建物（SB６３８、６９９、６５２など）が配置されるようになる。言い換えるなら、火災の後に官衙中央にあった空間が失われたことを意味している。北方にある石敷きや石組池などの儀礼的空間を残しながらも、それより南では大きな改築がなされていたのである。

この改築が官衙の機能にどれだけの影響を与えていたものなのかは、今のところ明らかではない。創建期の整った配置からの規則性の喪失は、付加されていた機能の喪失なのか、あるいは大きな変更と考えるべきなのか。しかし石組池や石敷き広場、正殿周辺にはⅡ―B期の改変が及んでいないことから考えると、主要官衙の中心地区として最後まで維持、管理された、蝦夷に対する服属儀礼を重視した施設をもつ国府としての理念が継続されていたようにみえる。

方四町Ⅱ期官衙の終末を示す遺物は、政庁南西部の石組溝（SD1600）の脇にある連結した穴（SX1616）から出土した遺物である（図62）。

このSX1616は、やや乱れた楕円形の土坑（穴）が三基（A、B、C）連結したような形状をしている。幅は一七二から二一六センチ、深さは四三から五二センチで、三基の総長は七・六メートル程である。A、B、Cの各部が重複（時期差）しているのではなく、堆積土の土質が近似しており、一時期に埋められたとみられる。SD1600石組溝跡と平行し重複がないことと、南北に延びる特異な形状から、石組溝が地表に存在していた段階で掘り込まれ、埋め戻されたものと考えられる。

堆積土中からは須恵器の高台坏、高台付皿、坏、平瓦、土師器坏、円面硯などが出土している（図62参照）。出土した須恵器の特徴を見ると、これまで郡山遺跡で出土していた坏や高台坏より新しい要素が見られ、多賀城創建期の下伊場野窯跡群（宮城県三本町）や木戸窯跡群（同県大崎市田尻）、日の出山窯跡群（同県色麻町）から出土したもののなかに、類似した特徴のものを見出せる。高台付皿についても、器形は硯沢窯跡群（宮城県利府町）のなかで高台付きの盤としたものと同じ特徴を示しており、多賀城創建期よりやや降る年代が与えられているものである。また平瓦については郡山廃寺と同じ桶巻き造りの平瓦で、凹面、凸面の細部の調整なども同じくするものである。

遺物の年代からは、官衙が機能していたよりはやや新しい時期で、多賀城創建の直後のものと考えられる。瓦のやや大きな破片が含まれていることとからは、官衙終末期には瓦が官舎の一部に使用されていたのかもしれない。この遺構については

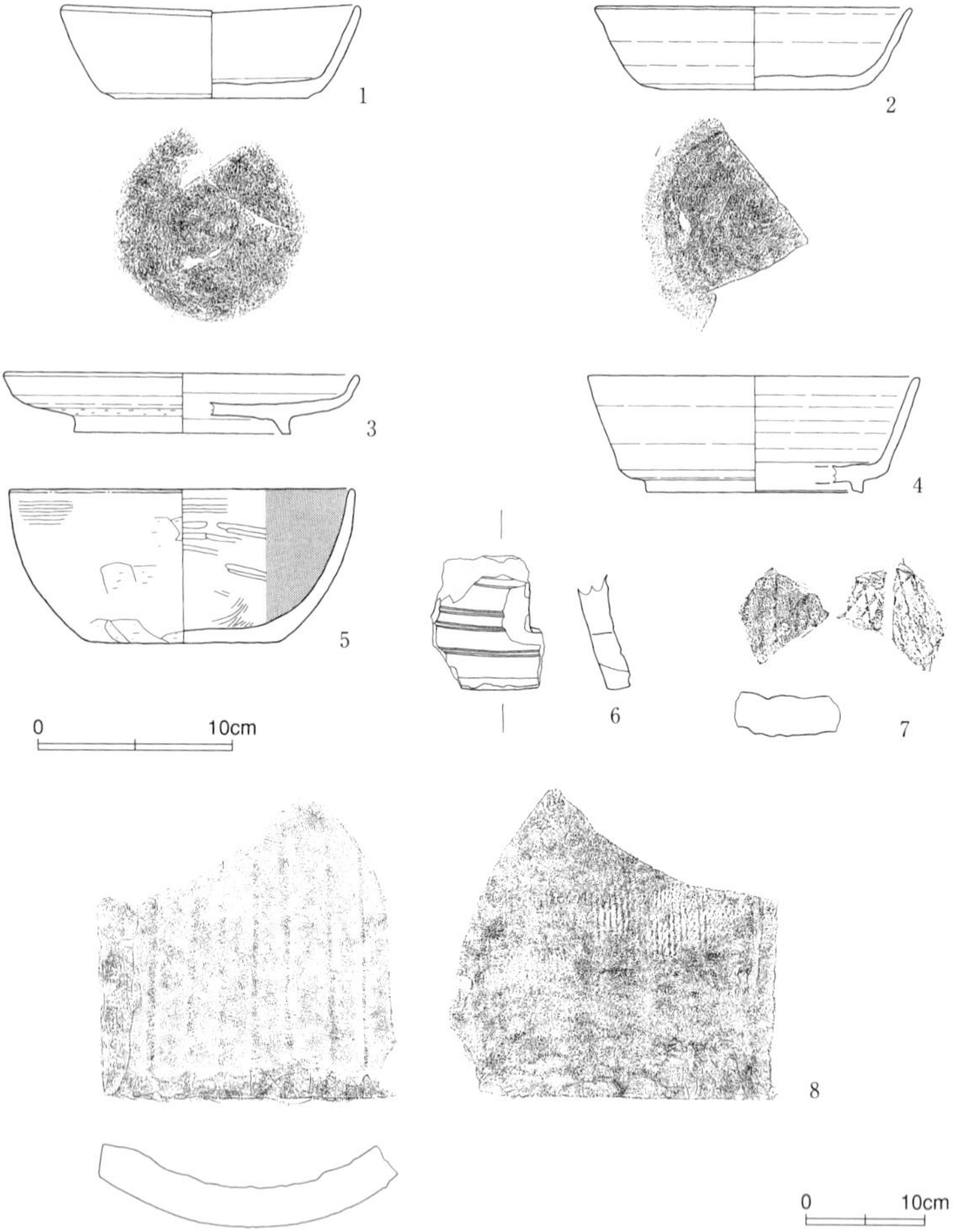

1・2：須恵器坏　3：須恵器高台付皿　4：須恵器高台坏
5：土師器埦　6：円面硯　7・8：平瓦

図62　SX1616出土遺物

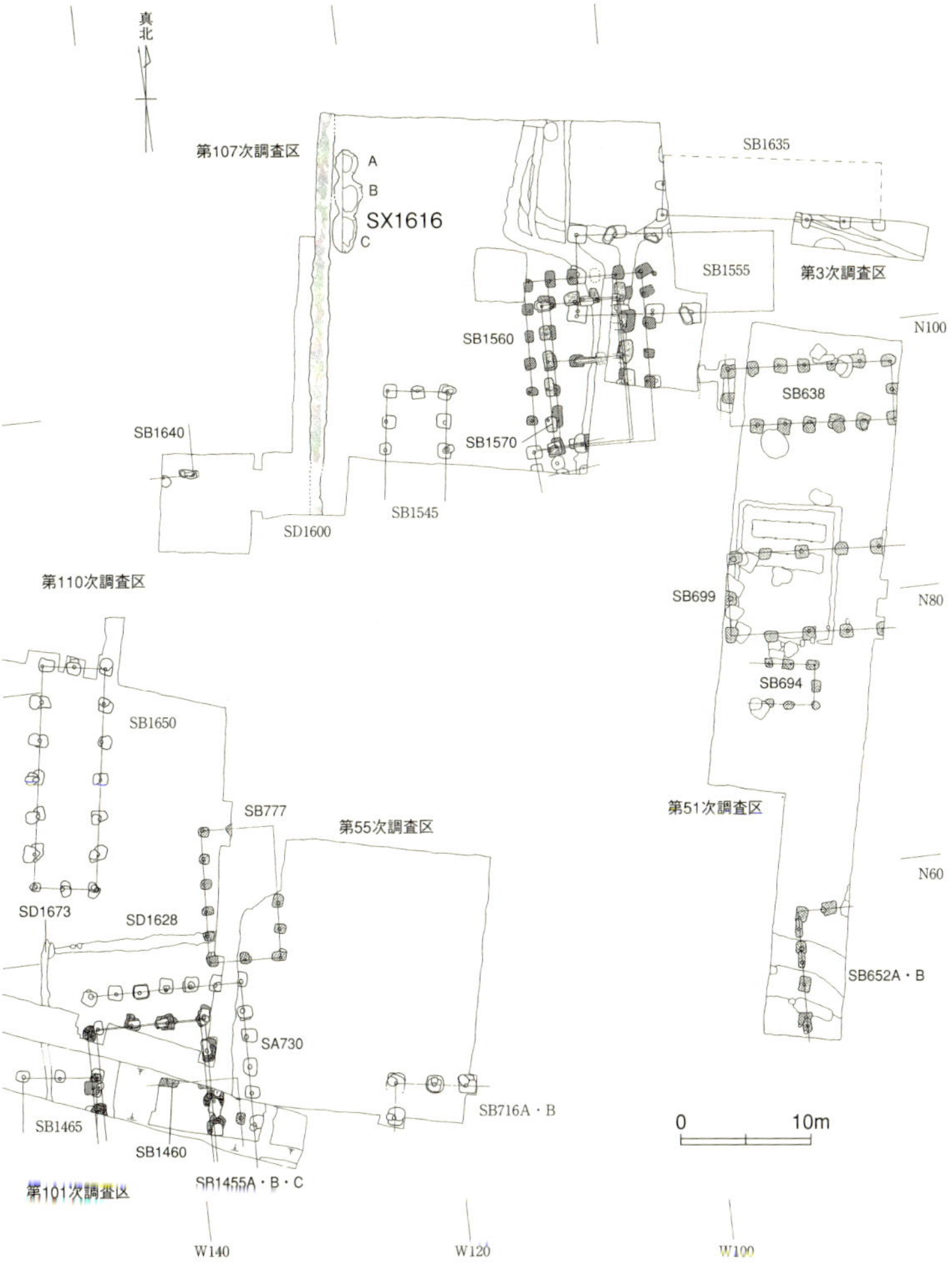

図63　SX1616周辺遺構配置図

石組溝が地表に存在していた時期で、官舎群の解体時か、それよりやや遅れての地上における整理のときに掘り込まれた穴のようにみえる。

　この他に方四町Ⅱ期官衙の終末を示す遺構、遺物として、中央北部のＳＥ４２９井戸跡と、そこからの出土遺物をあげることができる（図64）。遺物は土師器甕類のなかに少量の須恵器が含まれるものである。これらは出土した際の状況から、ほとんど欠損していない一〇〇個体程の土師器甕が、井戸枠内に投棄されたものとみられる。井戸の廃棄時に意図的に投棄されたもので、官衙の最終末における祭祀的な要素を含む行為として注目される。井戸跡は遺跡内では検出例が少なく、周囲では他にⅡ期官衙にともなった井戸跡は発見されていない。この井戸跡のあり方をみる限りでは、官衙の機能を意識的に終了し、終末を迎えたとみるべきである。

　方四町Ⅱ期官衙の終末は、多賀城創建期の窯跡が操業を開始した時期以降で、解体等の地上の整理にはその後やや時間を要した可能性がある。また、先に述べた寺院東方建物群は方四町Ⅱ期官衙の後半期のⅡ—Ｂ期にはすでに終末を迎えていたとみられる。さらに南方官衙西地区の終末はこれらの二地区よりも降り、八世紀後半代と考えられる。このように各官衙の終末にちがいが見られるのは、各々の官衙ブロックが負っていた機能が異なっているためで、それが陸奥国の状況のなかで変容を迫られた結果である。その状況についてはⅤ章のなかであらためて述べることにする。

８　Ⅱ期官衙関連遺跡について

　郡山遺跡の南東一・五キロの地に六反田遺跡、袋前遺跡、大野田古墳群などの遺跡が集中した地区

図64　SE429井戸跡出土の土師器甕

（図33参照）がある。この地域（大野田官衙遺跡―仮称―）から溝跡に囲まれた大型の掘立建物跡が六棟発見されている（図65）。建物跡は、いずれも桁行が真北方向の南北棟で、その配置から、三列の建物列の存在があったと想定されている。そのうち複数棟が検出されている東列（ＳＢ３１、１２１、１３５）と西列（ＳＢ６４、４６４）は確実である。特徴的なのは、総柱式建物跡二棟（ＳＢ６４、１２１）と桁行が一〇間となる側柱建物跡二棟（ＳＢ１３５、４６４）が配置されていることである。

建物が真北方向を向いていることや、規則的に配置されていること、建物の規模さらに東列と西列で総柱式建物跡と側柱建物跡がほぼ対象になっていることなどから、古代の官衙とみられる。

総柱式建物跡のＳＢ１２１は、柱痕跡の直径が四〇センチ程あり、掘り方も一メートルを超えている。ＳＢ６４についても南北が四間と長くなるが、同等の規模である。これらは倉庫と考えてよく、重量物の収納に対応した構造である。西列で見る限り、総柱式建物跡のＳＢ６４と南の側柱建物跡のＳＢ４６４との間に塀や溝の遮蔽施設がなく、同じ空間に建ち並んでいるように見られる。本来ならＳＢ４６４は郡庁院を構成するような桁行の長い建物跡であるが、北のＳＢ６４（倉庫建物）と同一の敷地空間に建ち並ぶことと、南の区画溝（ＳＤ７３、２５３、４２１）との間に別な官衙ブロックを想定するような建物や塀が配置されていないことから、倉庫とともに建ち並んだ建物と考えられる。よって単なる事務棟と考えるよりは、北の倉庫と関連した倉庫の一種である「屋」と見たほうがよいのではないかと考える。

東北地方では、東山遺跡（宮城県加美町）、関和久遺跡（福島県泉崎村）で正倉と想定された地

(SB64)

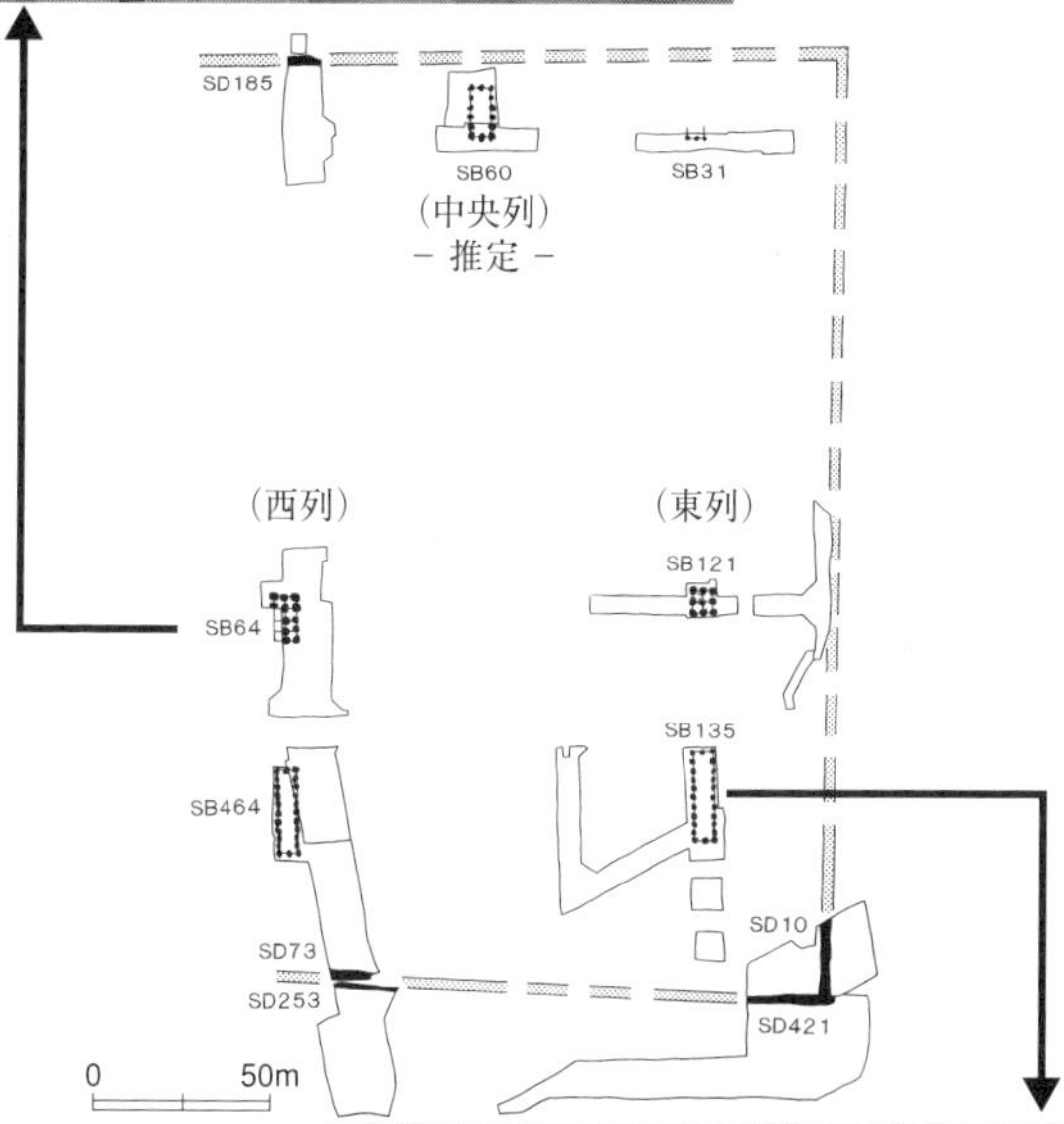

図05 大野田官衙遺跡

(SB153)

区で同様の側柱建物による倉庫が検出されている。西日本になるが下高橋遺跡では総柱建物跡と側柱建物が一列に並ぶように配置されている。

これまでの南、北、東方面での調査では、これらの諸院や寺院の存在を示す遺構の広がりは確認されていない。郡家とされる関和久遺跡や根岸遺跡（福島県いわき市）のように南北に諸院が隣接する様相や、泉廃寺（福島県南相馬市）、弥勒寺官衙遺跡（岐阜県関市）のように東西に諸院が配置されるような広がりが確認されないのである。

ではどのような官衙と考えればよいのであろうか。これまでの調査によれば儀式空間を含む郡庁院の要素は見出しがたく、建物跡の棟数も少ない。したがって曹司とよばれるような分化した官衙の可能性はないだろうか。

出土した遺物は少ないが、八世紀の前半代に機能していたようで、郡山遺跡のⅡ期官衙のうち後半期とは機能していた期間が重複している。また建物の規模が南方官衙の建物群と同等か、それ以上であることから、国府に関連する遺構群として見てもよいと思われる。Ⅱ期官衙期に減少した倉庫群の収納する機能を補足するような官衙ではないのだろうか。重要な遺跡として調査成果を蓄積していかねばならない。

コラム

石組池

　郡山遺跡の石組池について検討した今泉隆雄は、飛鳥石神遺跡で発見された方形池と同様の機能を果たしたとする。いわゆる蝦夷の服属儀礼に使われたとする考えである。石神遺跡は奈良県明日香村の飛鳥寺北西に位置し、方形池が二基（ＳＸ１０１０とＳＸ５４０）発見されている。

　ＳＸ１０１０方形池は、ほぼ斉明朝（六五五から六六一年）頃の遺構とみられるようで、一辺六《メートル》四方の正方形で、深さは八〇《センチ》である。ＳＸ５４０方形池は、天武朝（六七三から六八六年）以降で、東西三《メートル》、南北三《メートル》で深さは六〇《センチ》である。両方の池とも建物と同様に真北方向に造られている。ＳＸ１０１０は建物に囲まれた空間の西寄りに造られているが、ＳＸ５４０は、西側と北側に石敷きの遺構が拡がっている。ＳＸ５４０と石敷きが同時期かについては検討が必要であるが、郡山遺跡で発見された石組池との規模や石敷きに接するような周辺の状況は似た様相を示している。さらにＳＸ５４０の底面の石の貼り方や、周囲に広がる石敷きの建物との取り付き方をみるかぎりでは、方四町Ⅱ期官衙の中心である政庁内のあり方と類似する要素が見出せる。

　このような方形池は他に石神遺跡に近い飛鳥池遺跡などでも発見されている。もともとは朝鮮半島の百済の都である扶余《ふよ》にある官北里遺跡や定林寺の池が源流であるという。蓮を植えた蓮池としていたらしいが、日本では玉石を敷き詰めるようになる。

　石神遺跡ではどのように使われていたのだろうか。その地は飛鳥寺の西北方、蘇我氏の邸宅の

図66　石神遺跡の池（上：SX1010、下：SX540、奈良文化財研究所提供）

あった甘樫丘に挟まれた地であり、南には漏刻台の置かれた水落遺跡が接している。石神遺跡と甘樫丘の間には飛鳥川が流れている。

斉明朝から天武・持統朝にかけて、『日本書紀』には度々この地をめぐる記述が出てくる。

斉明三年（六五七）七月十五日
須弥山を像どったものを、飛鳥寺の西に造った。また盂蘭盆会を行われた。夕に都貨邏人に饗を賜った。

斉明五年（六五九）三月十七日
甘樫丘の東の河原に須弥山を造って、陸奥と越の国の蝦夷を饗応された（この記事につづいて阿倍比羅夫の遠征記事があり、道奥と越国司の存在が記載されている。筆者注）。

斉明六年（六六〇）五月
皇太子（中大兄皇子）が初めて漏刻（水時計）をつくり、人民に時を知らせるようにされた。また阿倍引田臣は、蝦夷五十余人をたてまつった。また石上池の辺りに須弥山を造った。高さは寺院の塔ほどであった。粛慎四十七人に饗応をされた。

天武六年（六七七）二月
多禰嶋の人らに、飛鳥寺の西の槻の木の下で饗応された。

天武十年（六八一）九月十四日
多禰の人たちに、飛鳥寺の西のほとりで饗応された。さまざまの舞楽を奏した。

天武十一年（六八二）七月二十七日
隼人らに明日香寺の西で饗を賜った。さまざまの舞楽を奏し、それぞれに禄を賜った。

持統二年（六八八）十二月十二日
蝦夷の男女二百十三人に、飛鳥寺の西の槻の下で、饗を賜った。冠位を授けてそれぞれに物を賜った。（宇治谷孟訳『日本書紀下』全現代語訳より）

蝦夷や粛慎といわれる北方の人びとや、隼人そして多禰嶋、都貨邏人といわれる南方の人びとが、この地でさかんに饗されている。飛鳥寺造営以前から、この地は「真神の原」とよばれ、神聖な地として扱われてきたらしい。「真神」は恐ろしい狼という意味もあるが、偉大な神の意味もあるという。

『日本書紀』の記述が示すように、飛鳥寺の西の地、石神遺跡からは一九〇二（明治三十五）年に表面に襞《ひだ》模様のある三個の石が発見された。これが須弥山にあたるものと考えられている。須弥山は仏教において世界の中心にそびえる山である。本来は四個の石で組み上げられていたようで、高さは三・四《メートル》程に復元されている。水落遺跡の漏刻台から小銅管により給水され、噴水のように水が噴出する構造であったとする説がある。この出土地の東に隣接する位置からも、男女が抱き合って杯をささげもつ姿の石人像が発見されている。これも口や杯から水があふれるような噴水施設とみられている。これらの石造物と方形池がどのような配置であったのか、厳密な配置関係は明らかでないが、水を通じての儀式で関連してい

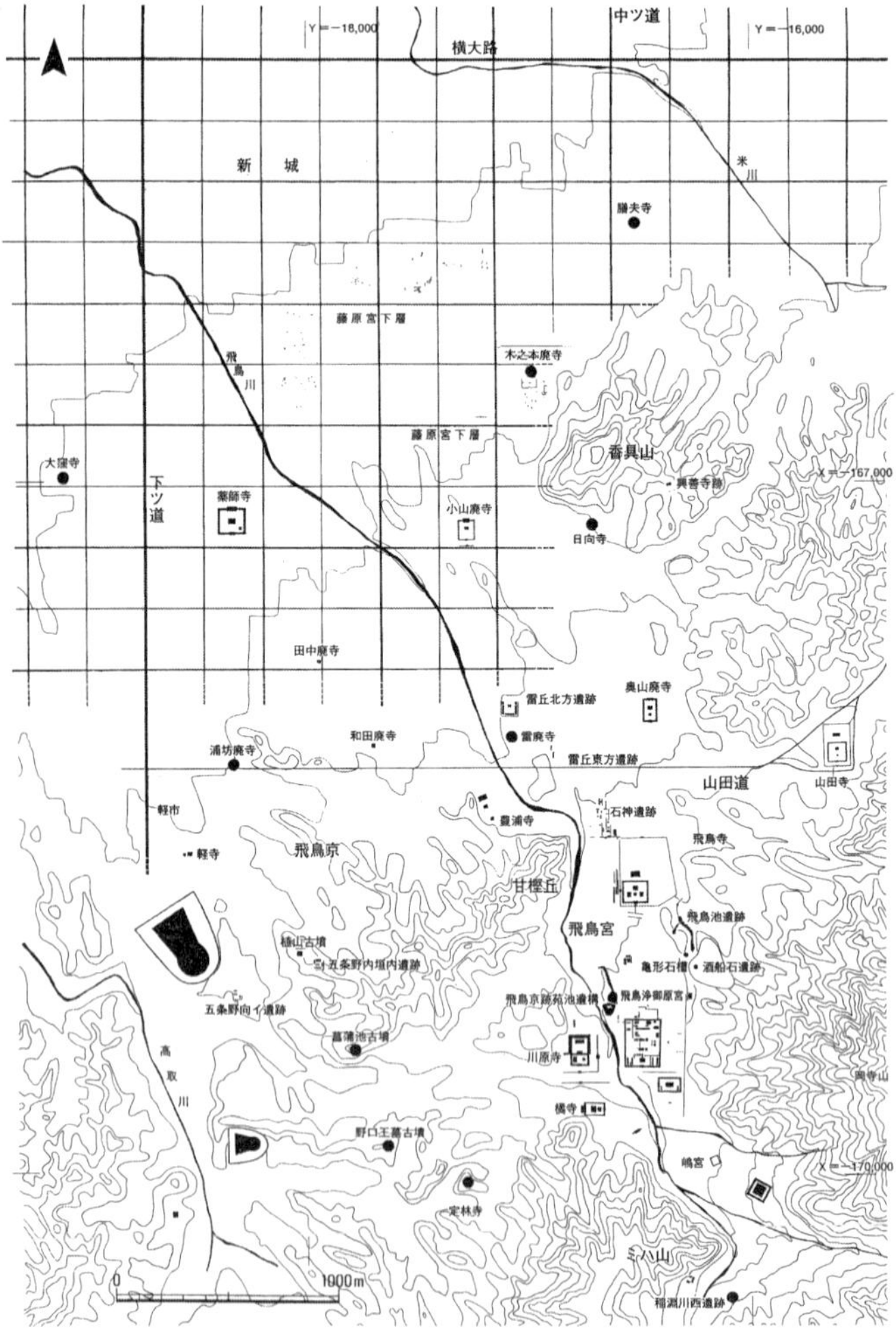

図67　飛鳥地域遺跡地図（林部均『古代王権の空間支配』より）

図68　復元された須弥山石（左）と石人像（右）（奈良文化財研究所提供）

たことは想像に難くないところである。
『日本書紀』に次のような記述がある。敏達天皇十年（五八一）閏二月、数千の蝦夷が辺境を侵したので、その首領である綾糟等に対し、景行天皇の世の前例にしたがって殺すことにした。その際に綾糟等は、泊瀬川の流れの中に下り三輪山（三諸岳）に向かって、水で口を漱《すす》いで天皇につかえることを誓ったという。

このように、蝦夷の服属にかかわる儀式のなかに、水と自然を媒介とした神に対する宣誓をあわせているのである。Ⅱ期官衙政庁の服属儀礼を検討した今泉隆雄によれば、阿倍比羅夫による六五八（斉明四）年の北征の際に齶田の蝦夷が誓約したのは齶田浦神であり、六五九（斉明五）年の北征の際に彼地神を祭ったのも誓約のためとしている。そしてⅡ期官衙の服属儀礼における誓約の対象としたのは、西方に見える太白山《たいはくさん》の可能性を指摘している。

図69　郡山から西方をのぞむ

太白山は郡山遺跡から西へ約八キロに位置し、標高三二〇メートルの円錐形の山である。平野部からは象徴的によく見え、現地の「太白区」はこの山の名称から取ったものである。遺跡内からは真西に見え、夕景などは非常に美しい光景を現してくれる。綾糟等が三輪山の神に誓ったように、蝦夷が太白山に誓うというのも頷ける話である。ただし現地で長く仕事をしていた感想であるが、太白山と重なるように奥羽山脈を見ることができる。そこに覗く峰は、神室岳《かむろだけ》である。標高一三五〇メートル程の峰が二つある。カムロはアイヌ語の起源では、「神の住居」といわれている。西方に見える山々に宿る現地の神に対し口を漱いで宣誓する行為と、蓮池が原形とされる石組池から西方世界を望む仏教的観想とを重ねて表現しているのではないのか。石組池の存在は、蝦夷と神、さらに仏教世界を結びつけながら、飛鳥と蝦夷の関係を明確化する装置としての機能をもっているものと考えたいが、いかがだろうか。

Ⅳ　国府の寺

1　最北の寺院

遺跡の東南部に位置し、材木列により東西一二〇から一二五メートル、南北一六七メートルに区画されたなかにある。その区画のなかに寺院を構成する遺構が配置されている。主な遺構としては講堂（ＳＢ１００基壇建物跡）、区画溝跡（推定金堂跡）、僧房（講堂北面の掘立柱建物群）、南門（南大門）、北西隅門、材木列、南部掘立柱建物、井戸跡などである。

現地は非常に住宅の密集しているところなので、発掘調査を実施することはむずかしい。これまでの調査成果で見るかぎりでは、主要伽藍を囲む回廊などの内部区画は発見されていない。また、巨石の露出していたといわれる地点（推定塔跡）があることが特筆される。

遺跡の調査開始当初は、推定方二町寺域とよばれていたが、遺構の実態が把握されていくなかで「郡山廃寺」との呼称になった。現地にこのような名称が残っていたわけではない。ここでは主要な遺構について述べるとともに、個別の遺構のも

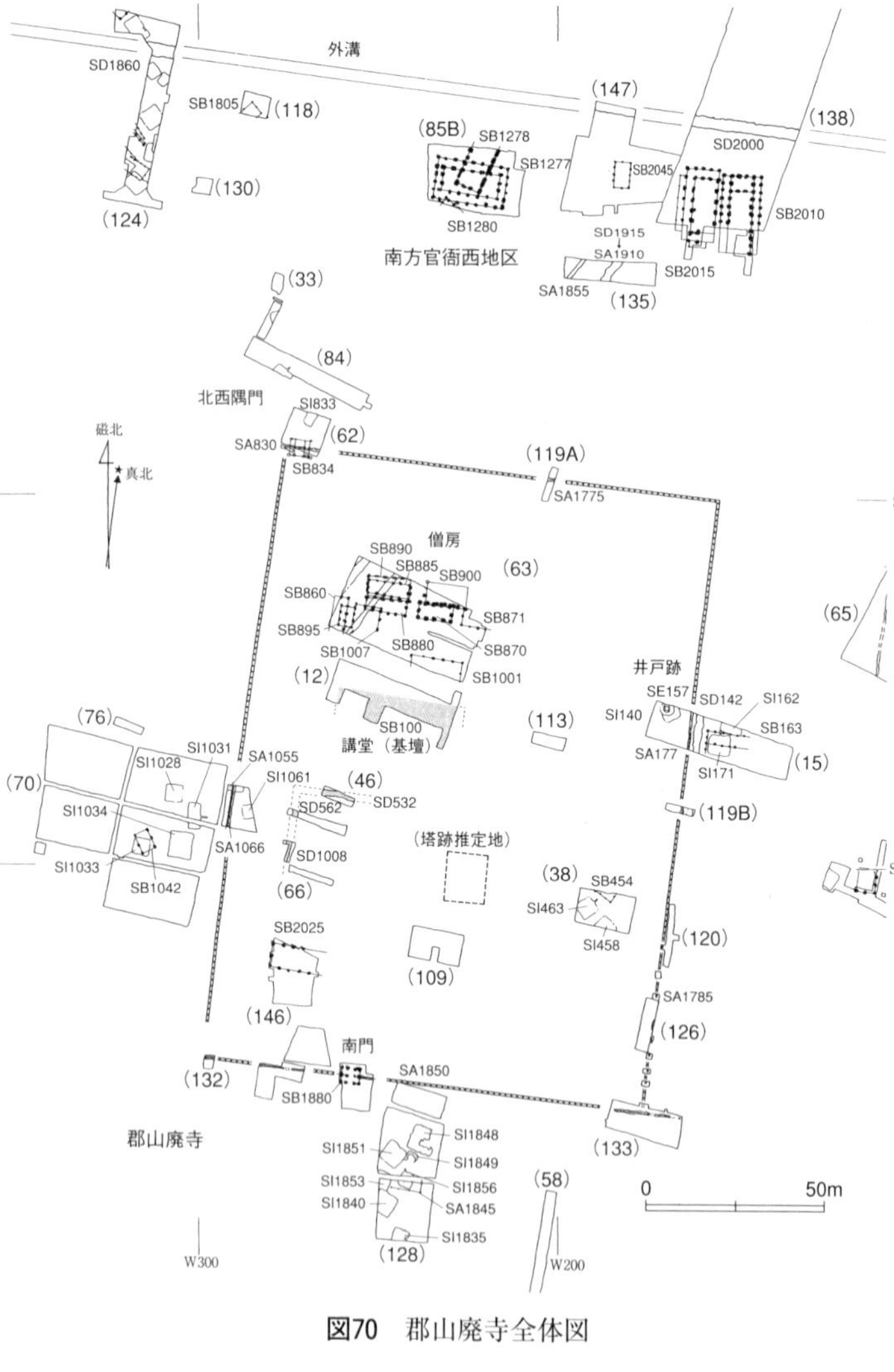
外溝
SD1860
SB1805
(118)
(130)
(124)
(85B)
SB1278
SB1277
SB1280
(147)
SB2045
(138)
SD2000
SB2010
SD1915
SA1910
SB2015
SA1855
(135)
南方官衙西地区
(33)
(84)
北西隅門
SI833
SA830
(62)
SB834
磁北
真北
(119A)
SA1775
S200
僧房
SB890
SB885
SB900
(63)
SB860
SB871
SB895
SB1007
SB880
SB870
SB1001
(12)
SB100
講堂（基壇）
(65)
井戸跡
SE157
SD142
SI162
SI140
SB163
SA177
SI171
(15)
(113)
(76)
(70)
SI1031
SA1055
SI1028
SI1061
(46)
SD532
SD562
SI1034
SA1066
SI1033
SB1042
SD1008
(66)
(塔跡推定地)
(119B)
(38)
SB454
SI463
SI458
S300
(120)
SB2025
(109)
(146)
SA1785
(126)
南門
(132)
SB1880
SA1850
(133)
郡山廃寺
SI1848
SI1851
SI1849
SI1853
SI1856
SI1840
SA1845
SI1835
(128)
(58)
0
50m
W300
W200

図70　郡山廃寺全体図

つ問題について付記しておきたい。

（一）講堂（ＳＢ１００基壇建物跡）

材木列による区画内の中央、西寄りにある。東西三二《メートル》、南北一二《メートル》以上の版築の広がりで、厚さ二から三《センチ》のシルトや粘土の層が一八から二〇枚重なり、高さが五〇《センチ》程となっていた。この基壇上部は削平が著しく、礎石や根固め石は検出されなかった。基壇の規模や周辺の遺構の配置から、講堂の跡であろうと考えられた。

基壇は礎石式建物の土台となる部分である。柱を支える礎石が上に設置されるのが本来の形状である。これらの礎石は出土しなかったが、鴟尾を含む大量の瓦が出土したことから、礎石式で本瓦葺きの建物があったことは間違いない。一九四九（昭和二十四）年冬に伊東信雄により写真に収められ、『仙台市史第三巻別編一』において「郡山古瓦出土地」（図1参照）として紹介されたのはこの地点である。

（二）区画溝跡（推定金堂跡）

講堂としたＳＢ１００基壇建物跡の南に、検出された上面の削平の程度により異なるが、上幅一三〇から二一〇《センチ》、深さ五〇から一二〇《センチ》で、底面幅が一五から四〇《センチ》、断面形がＶ字気味となる溝跡（ＳＤ５３２・５６２・１００８）がＬ字に巡っている。溝の形状と堆積土中からの瓦の出土状況から、東西一七《メートル》以上、南北一〇《メートル》以上に連続する溝跡と考えられる。内部に講堂のような版築は確認されていないが、出土した瓦のなかには軒丸瓦や鴟尾片が含まれ、平瓦のなかに朱塗りで軒平瓦として使用されていたものなどが含まれている。これらのことから講堂とした建物と同様に、本格的な瓦葺き建物の存在がうかがえる。

(三) 僧房（講堂北面の掘立柱建物群）

講堂北面に掘立柱建物が冂形に配置されている。重複関係から三時期の変遷（A→B→C期）があるが、基本的には講堂の後方に軒を揃えた桁行四ないし五間、梁行二ないし三間の掘立柱建物が、建ち並ぶ配置を踏襲している。建物内に間仕切りとなる柱配置はないが、比較的規模の小さな建物が連なる様相や、寺院内の位置からは、僧房としての機能が想定される。

(四) 南門（SB1880門跡）

建て替えがあり、新しいB期は桁行三間（柱間寸法一三〇〜一四〇センチ、通り間二三〇センチ）で総長五・一メートル、梁行二間（柱間寸法二〇五センチ）で総長四・一メートルの八脚門である。柱を立てるための掘り方は、一辺七〇から一一〇センチで、そのなかに直径二〇から三〇センチの柱を立てている。門内部の柱で、他の掘り方より小振りなものがある。A期の掘り方との重複関係から、両時期とも同様の小規模な八脚門であったと考えられる。寺院南辺の材木列と棟通りで取り付いている。

(五) 北西隅門（SB834門跡）

桁行三間（柱間寸法一三〇〜一四〇センチ、通り間二七〇センチ）で総長五・五メートル、梁行二間（柱間寸法二〇五から二二四センチ）で総長四・三メートルの八脚門である。掘り方は、一辺四五から八四センチで、そのなかに直径一五から二〇センチの柱を立てている。寺院北辺の材木列と棟通りで取り付いている。

(六) 材木列

寺院の四方を上幅三〇から七〇センチの掘り方のなかに、直径一〇から二五センチの丸材を立て並べている。掘り方の深さは検出された地点により異なっているが、最も残存状況が良好な箇所で四〇《センチ》程である。底面の状況は地点により異なり、溝状に平坦になる箇所と小柱穴状に部分的に落ち込む箇所がある。材痕跡も設置部分が平坦な箇所と杭状に尖る箇所がある。

また門が付随する箇所では掘り方が広がり、深さも深くなる箇所がある。材木列は南東コーナーのみT字状になり東に延びている。

（七）南部掘立柱建物（SB２０２５建物跡）

推定金堂跡とした区画溝跡の南で検出された掘立柱建物跡である。桁行五間以上（柱間寸法二五〇から二八〇《センチ》）、総長は一〇・八《メートル》以上で、梁行二間（柱間寸法三二〇・三三〇《センチ》）、総長六・五《メートル》の東西棟である。柱を立てるための掘り方は、一辺七〇から一一〇《センチ》で、そのなかに直径二〇から三〇《センチ》の柱を立てている。柱を埋設する際の掘り方を埋めた土に、瓦の小片が含まれていた。これは、この建物が講堂や推定金堂のような瓦葺きの建物が建てられた後に付加されたことを示している。

また、この建物には柱の抜き取り穴が見られない。当時の地表面が後の耕作や整地などにより大きく削り取られる場合、柱を抜き取るような解体痕跡も失われてしまうことも考えられるが、この建物の場合は、各柱痕跡に炭化物や焼土が含まれているため、火災により焼失したと考えられる。そのため解体されることがなかったのである。その焼けた柱の痕跡中からは、ロクロ使用の土師器片が出土している。おそらく柱が焼けた際に、当時の地表から入り込んだものと推測される。

ロクロ使用の土師器は、窯跡のような場所では八世紀の前半代に出現するものもあるが、多賀城周辺の調査では八世紀の後半代、第４四半期の初め頃に急速に普及したといわれている。郡山廃寺ではⅡ期官衙と同様に、ロクロを使用していない土師器の出土がほとんどであり、この建物の火災痕跡から出土した土師器片はきわめて稀な例である。したがってこの建物が焼失するのは、ロクロ土師器が一般に普及する以前であり、従来の東北地方土師器編年を考慮に入れれば、国分寺の造営以降と考えられることから、八世紀中頃から後半にかけての時期と考えておきたい。

（八）井戸跡（SE157井戸跡）

寺院東辺の西側（内側）で深さ三・五メートルの井戸跡が発見された。底面より四五センチ程上から、一辺九〇センチの井戸枠が組まれ、掘り込まれた上面まで達していたと考えられる。掘り方の上半部のみ井戸枠の裏込めとして、河原石が入れられている。井戸の底面付近から土師器の甕や壺、瓦が出土している。これらの他に五層と六層中から木簡が三点出土している。

五層から出土した第一号木簡は、長さ一〇・四センチ、幅二・九センチ、厚さ〇・三センチで、上端より約一・八センチ下に切り込みが対にあり「封附」と書かれて、それより下が失われている。形状と文字から、手紙等を運搬する際の封緘木簡の可能性が指摘されている。二枚の木簡の間に文書を挟み、切り込みのところで結んで使用されていたようである。

六層から出土した第二号木簡は、長さ九・五センチ、幅一・八センチ、厚さ〇・三センチで、上、下端と左側面が欠損している。「学生寺」と書かれているが、上にもう一字書かれていた墨の痕跡がある。この木簡は字義が二つに分かれるようである。学生はガクショウと読み、仏教を学習する僧のことをいう。寺は読んでそのとおりであるが、学生と

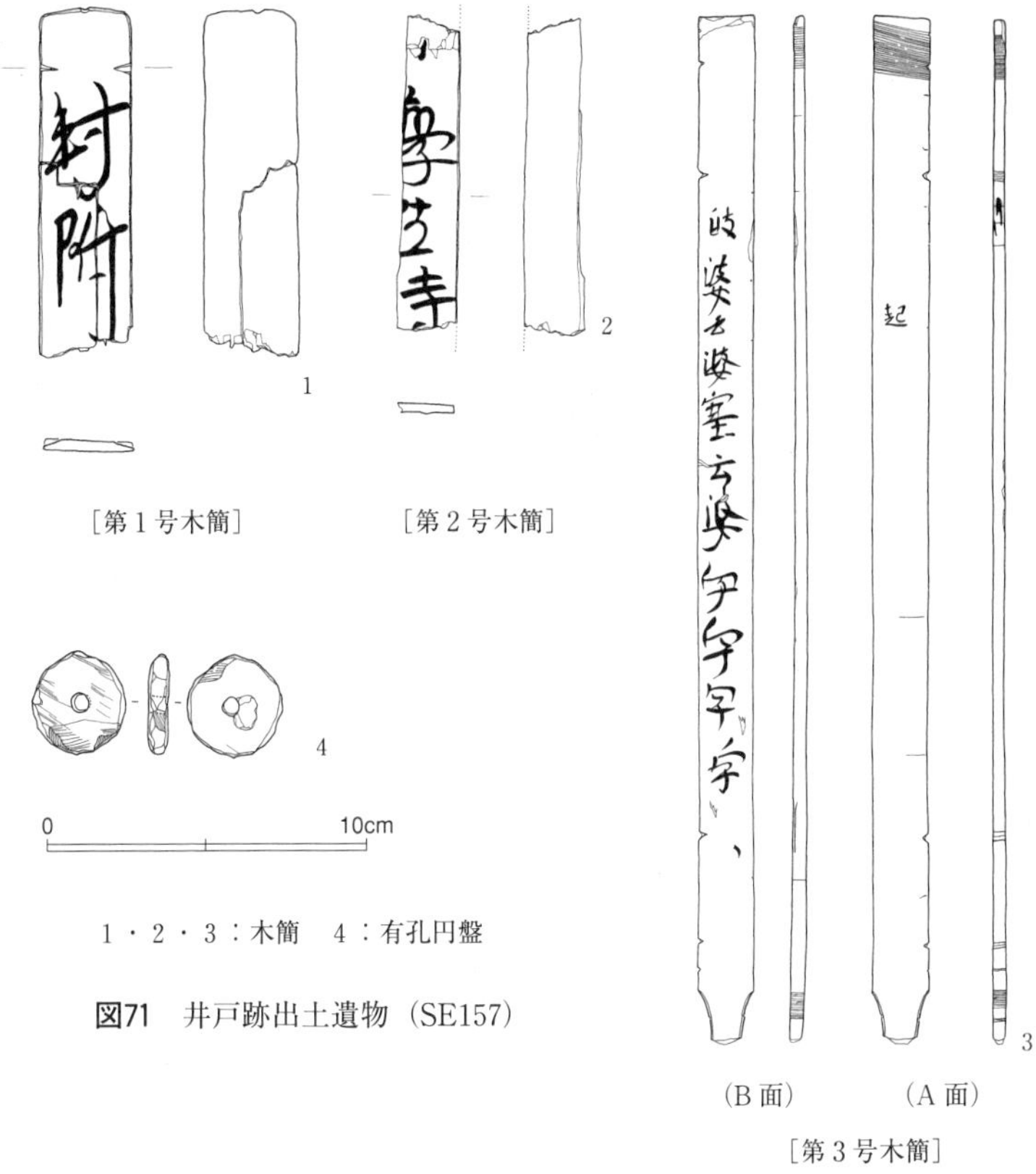

図71　井戸跡出土遺物（SE157）

寺と書かれた文字の中心がずれることから、寺の左に別な扁が付くのではないかとの指摘がある。ただいずれの解釈をしても、仏教にかかわる僧侶や寺院との関連を示す木簡である。

同じく八層から出土した第三号木簡は、長さ二一・四センチ、幅一・八センチ、厚さ〇・四センチで、下端を幅〇・九センチ枠に削りだしている。両面に墨書があり、「起」と書かれた面（A面）と、異筆で「波婆云婆塞云婆宇宇宇」と書かれた面（B面）がある。A面の右側面に切り込みが七カ所とB面の下端に一カ所ある。切り込みの大きさは三種類あり、幅や深さが異なっている。A面の上端に幅二《セン》《チ》の擦痕が見られる。

第三号木簡について検討した平川南は、用途は写経用の「定木」と判断した。片面にある切り込み間の寸法は、現存する奈良時代の写経に用する一紙の縦、界高で、木簡の幅は界幅に近似しているものがあったからである。

またB面の「…婆塞云…」も、優婆塞戒経巻七の「優婆塞云何得戒實是得…」にあるような経文の習書ではないかと指摘した。

このような写経と経典とのかかわりを具体的に示す資料が発掘されることはめずらしい。「優婆塞」とは、男性の在俗信者のことで、いわゆる在家信者である。出家せずに家庭にあって出家者に布施をし、出家者より教えを施され、生活の指針として、安らぎを得て生きていく者であるらしい。このような在家信者に対する教化なのかは明らかにできないが、A面の形態とB面の習書からは、寺院や僧侶の活動を示しているといえる。

(九) 推定塔跡

この地点は発掘調査が実施されていないが、二つの点から重要な遺構―塔―があったと考えられる。

講堂としたSB100基壇建物跡の南東に、巨石があったという伝承地がある。第二次大戦前までは畑のなかに石の一部が露出していたという。地元の人たちが石を動かそうと掘り始めたが、地中の部分も大きく動かせなかったというものである。大正年間に生まれた地元の男性はほぼ同じ証言をする。その地は現在、住宅地となりアパートが建っている。いつ頃まで巨石が露出していたのか、いつそれが失われたのか、あるいは地中に残っているのか、明らかではない。発掘調査は実施できないが、塔の心礎となる礎石の存在を想起させる伝承である。現地は沖積平野上にあり、基本となる土層にそのような石は含まれていない。人為的に移動してこなければ存在しない場所である。

さらにその地が周囲の発掘調査により重要な地点であることが明らかになっていく、想定される寺院の中心に位置しているということである。寺院の西辺となる材木列（ＳＡ１０６６）と、東辺となる材木列（ＳＡ１７７７、１７８５）に挟まれた幅一二四㍍の中心線上に位置している。南北幅で見ると南辺より五七㍍ほどで、南北幅の約三分の一の地点である。伽藍の中軸線は南門から講堂基壇の中心を結んだラインと考えられているが、それが寺院の東西幅の三分の一の位置にあたっている。伽藍中軸線ではなく、寺院区画の中心線上に巨石の露出していた地点が位置しているということは、重要な遺構の存在を裏づけることになるものと考えられる。

2　伽藍配置のなぞ

これまで見てきた主要な遺構の配置には、一つのなぞがある。伽藍中枢（金堂、塔）を取り囲む区画が見つかっていないことである。

講堂と推定金堂、塔跡などを区画する回廊が見つかっていないのである。これは寺院にとって最も清浄とする中枢伽藍の範囲が明確になっていないことを意味している。したがってその入口となる中門も見つかっていない。ただ南大門に相当する寺院区画の南辺の位置で小規模な南門が見つかっている。南大門があり、中門、回廊がないということは、南大門がなく中門、築地がある多賀城廃寺とはなぜか裏返しのような関係である。

今泉隆雄によれば、郡山廃寺と多賀城廃寺は、

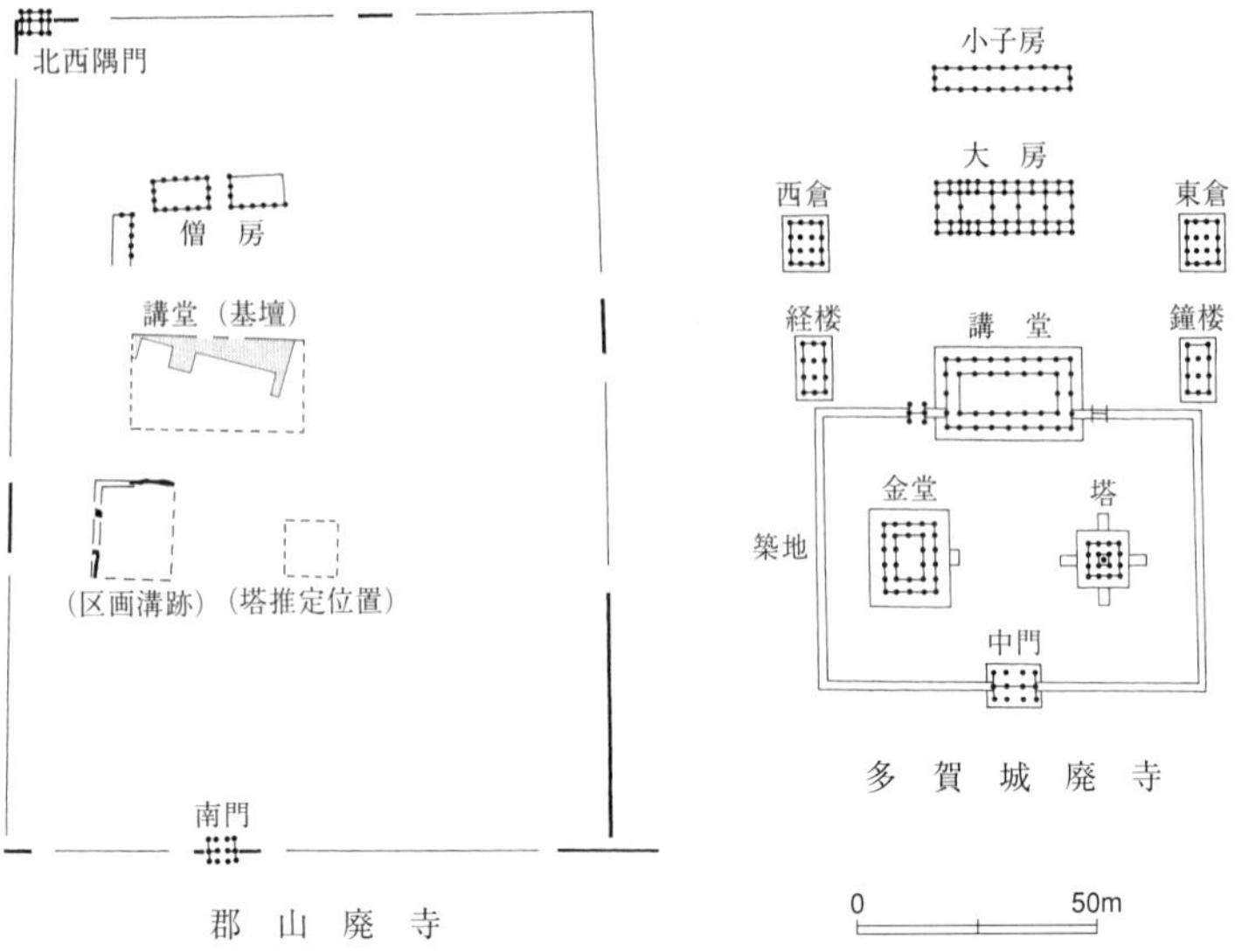

図72　郡山廃寺と多賀城廃寺

東面する金堂や塔、僧房の配置などで伽藍配置は同じであるとしている。また軒瓦の継承関係や、講堂基壇の規模、講堂と僧房間の距離なども近似するもので、多賀城廃寺は郡山廃寺を継承して造営されたと考えている。また伽藍配置や多賀城に近い山王遺跡東町浦地区から出土した「観音寺」と書かれた墨書土器から、多賀城廃寺と大宰府の付属寺院である筑紫観世音寺とが、安置された仏像、寺号、伽藍配置を同じくしているとする見解を取っている。したがって、郡山廃寺は多賀城廃寺の前身の国府の寺であることから、郡山廃寺こそが最初に筑紫観世音寺と対になって建立された寺院であるとしている。

たしかに外交や国防をつかさどる大宰府の付属寺院と、北方世界の蝦夷や粛慎と対する陸奥国府の付属寺院が同じ理念で造られてたとするのは理解できる。しかし先に述べた伽藍中枢の囲みがない点ではどうなのだろうか。

筑紫観世音寺は、天智天皇が筑前で亡くなった母親の斉明天皇の追善ために発願し、建立した寺である。完成までには長い年月を要し、七四六（天平十八）年になってようやく完成したといわれている。しかし六八六（朱鳥元）年に筑前国と筑後国から一〇〇戸が施入されていることや、同年に川原寺から筑紫に伎楽が送られたことから、七世紀の末には一定の寺院としての活動が開始されたとみられている。

また、『大宰府市史』によると、六九八（文武二）年に相当する「戊戌年」の銘をもつ京都妙心寺の梵鐘との比較においても、現在伝世する梵鐘は先行する可能性があるという。

観世音寺の伽藍は東に塔、西に金堂、北に講堂を配し回廊がめぐっている。郡山廃寺で想定される伽藍とは、講堂と推定金堂、塔跡の配置では同じであるが、やはり回廊などの区画がないことについてはちがいがある。

さらに軒丸瓦の瓦当文様導入のあり方にもちがいが現れている。観世音寺が老司Ⅰ式といわれる藤原宮に葺かれた軒丸瓦、軒平瓦と基本的に同じ文様を採用しているのに対して、郡山廃寺は軒丸瓦に独自の創案と考えられる単弁蓮華文軒丸瓦と重弧文軒平瓦、さらに平瓦を代用として軒先に用いたりもしている。軒丸瓦の文様は、単弁蓮華文のなかでも山田寺系とは蓮弁の形態や間弁の隆起などでちがいのあるものである。

軒平瓦についても重弧文軒平瓦が数点しかなく、軒丸瓦の出土量に比してきわめて少ない。これは軒平瓦の代わりに平瓦を葺いて用いていた方が主であったことを示唆している。このような軒先に平瓦を用いるのは、飛鳥寺などには見られるが、稀な例で、百済の古代寺院などでは一般的に

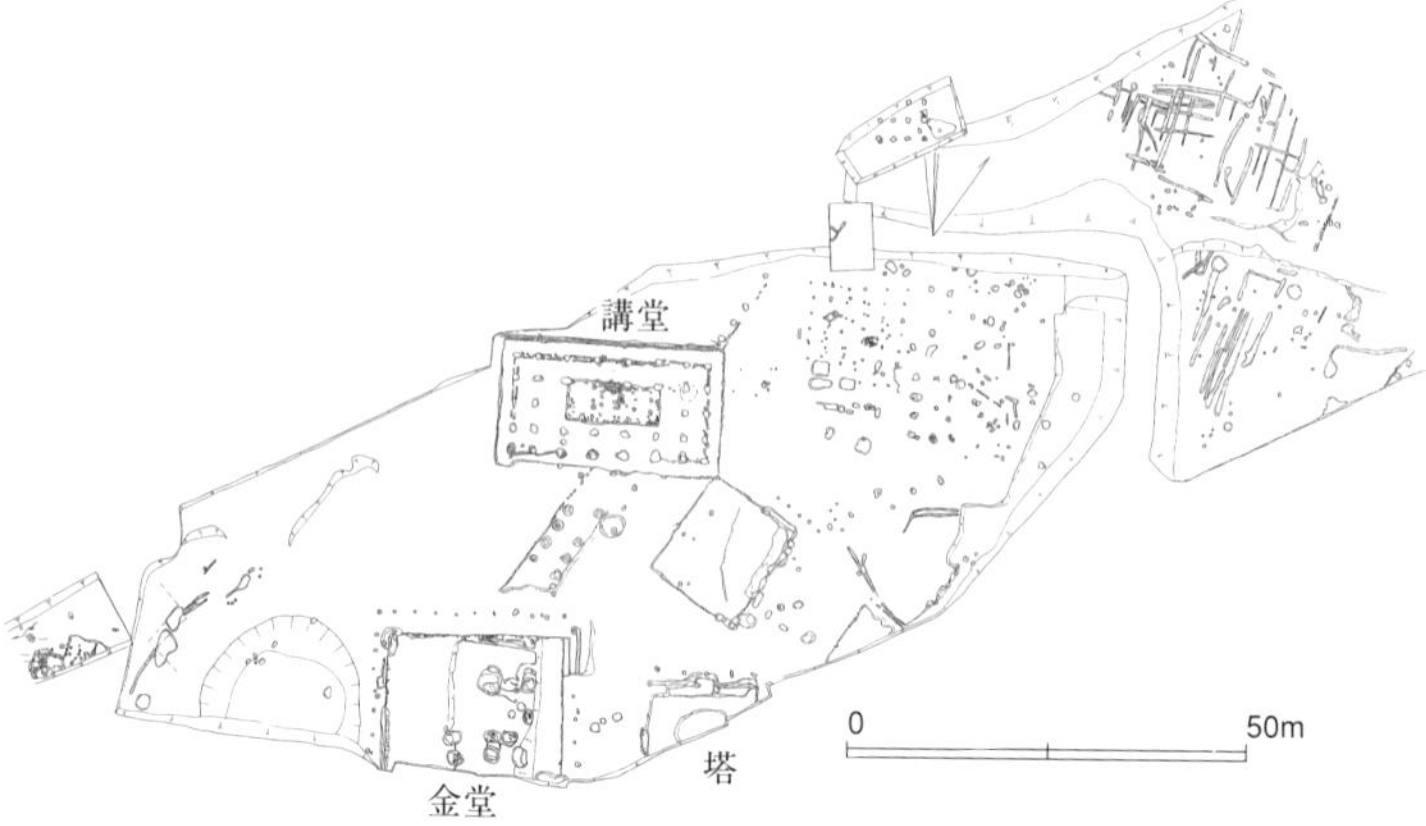

図73　穴太廃寺再建寺院伽藍（滋賀県教育委員会）

あるという。

伽藍配置や瓦の導入から見れば、郡山廃寺が造られた当初は、かならずしも観世音寺と同じ経緯はとっていなかったと考えられる。

東に塔、西に金堂、北に講堂を配し回廊がめぐるのは、法起寺式といわれる伽藍配置である。ただし、金堂正面は南面するのが基本のようである。この配置で回廊がめぐらなかった例が発掘調査で確認されている。滋賀県大津市にある穴太廃《あのうはい》寺《じ》である。

穴太廃寺は、六六七（天智六）年に後飛鳥岡本宮から遷された近江大津宮の北にある寺院である。この地域では、六世紀末から七世紀中頃にかけて渡来系の人びとの集落が営まれている。七世紀前半には伽藍を有する前期穴太廃寺（創建寺院）が出現している。その前期穴太廃寺を建て替えた後期穴太廃寺（再建寺院）で、講堂廃絶時まで回廊が造られた痕跡は検出されていない。伽藍中枢の金堂や塔といった聖域を遮蔽するものが造られなかったのである。これについて調査報告書では、講堂と塔、金堂の存続した年代差を示唆し、同時期に建っていなかったのではないかと考えている。したがって回廊を造る必要がないということである。しかし、金堂と塔が火災により焼失してから、講堂のみが建てられる、あるいは建築中の講堂工事のみが継続するというのは不自然な話である。期間の長短は別としても、三棟の建物が同時存在すると考えてよいのではないだろうか。

また、伽藍中枢に区画施設がなく、周囲の寺地を含めた寺院跡がもう一例存在する。陸奥国磐城郡衙に付属する夏井廃寺（福島県いわき市）である。

夏井廃寺は七世紀末から八世紀初頭に創建され、十世紀前半まで継続した寺院である。創建当初の七世紀末から八世紀初頭頃に金堂と講堂が建てられ、八世紀前半から中頃になって塔が建てられたとされている。伽藍配置は東に塔、西に金堂、北に講堂を配した観世音寺式である。ただし、この寺院も伽藍中枢を連結し、聖域を区画する遮蔽が存在しない。これは後期穴太廃寺の再建寺院の様相と同じである。夏井廃寺に周囲を含めた伽藍地（付属施設を含む）を区画する溝が開削されるのは、八世紀後半以降である。創建から五〇年以上に渡り、聖域を区画する囲みも周囲の寺地を含めた区画も存在しないのである。

郡山廃寺が講堂、推定金堂、塔などの伽藍中枢を囲む遮蔽施設がないのは、このような稀な形態の寺院の一種なのではないかと想定したい。ではなぜ同じ伽藍配置の多賀城廃寺が築地で遮蔽されていたのだろうか。これには築地の採用された年

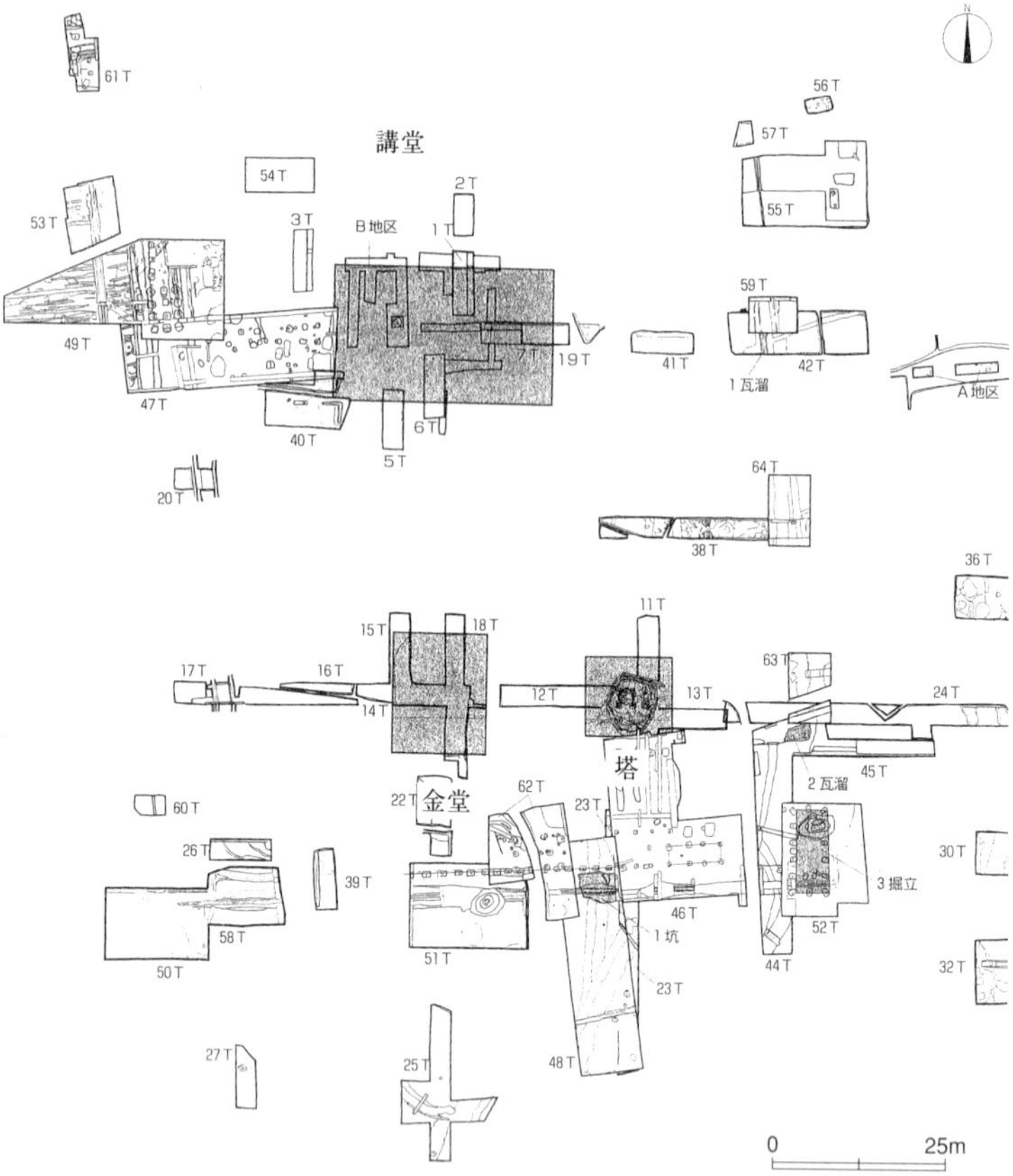

図74　夏井廃寺伽藍（いわき市教育委員会）

代についてあらためて見直す必要がある。

林部均によれば飛鳥時代の寺院の外郭は基本的に掘立柱塀であり、築地が使われることはないという。宮都での築地の採用についても、藤原宮の段階でも一本柱列による掘立柱塀であり、平城宮においても朱雀門周辺の築地塀が七二八（神亀五）年よりさかのぼらないことが確認されているという。

したがって多賀城創建が多賀城碑で刻されている七二四（神亀元）年であり、

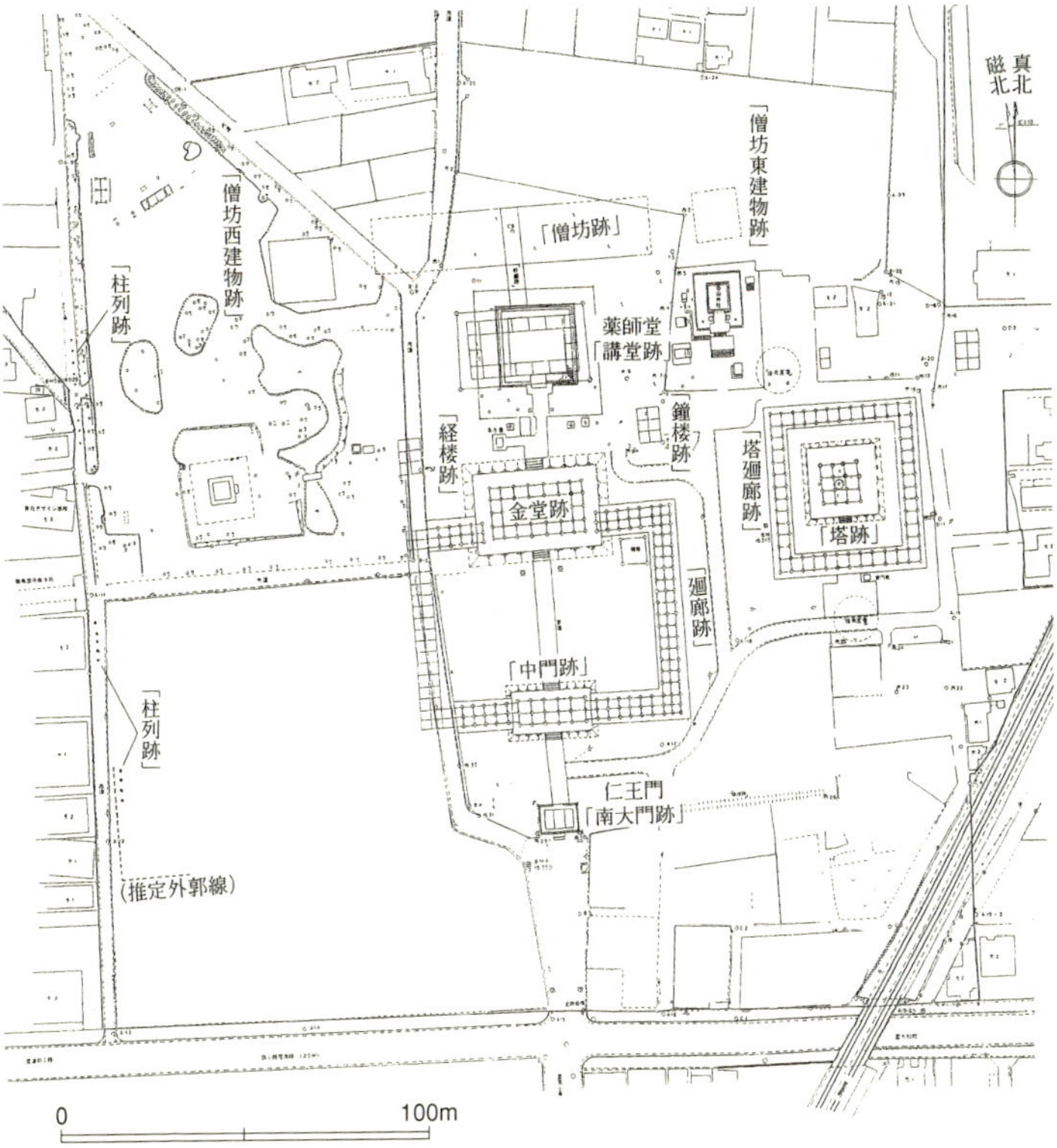

図75　陸奥国分寺伽藍

多賀城廃寺の創建も同時期だとすると、当初から主要伽藍を築地で囲っていたのだろうか。

　軒丸瓦の文様形態は明らかに多賀城創建期に継承されている（Ⅳ3参照）。一九七〇（昭和四十五）年に刊行された『多賀城跡調査報告Ⅰ―多賀城廃寺跡―』には、築地塀の版築中や版築の下には瓦の散布が認められる部分があるとする記載がある。築地が修理されていることが考えられているが、創建段階から存在したのかについて、再考する余地はないだろうか。

　すなわち、主要伽藍の囲みが存在しない事例が、近江大津京の北部にある穴太廃寺や、陸奥国内の郡山廃寺、夏井廃寺などで認められていることから、多賀城廃寺の主要伽藍を囲む築地塀の構築年代についての検証が必要である。

郡山廃寺が終焉を迎えるのは八世紀の後半とみられる。創建以降、僧房や付属施設を含む伽藍を取り囲む塀は存在するが、伽藍中枢を取り囲む回廊等は造られないまま活動していたようである。瓦の文様や伽藍配置が継承された多賀城廃寺とともに、陸奥国内の中心となる寺院として活動していたのである。その間に伏見廃寺（大崎市大崎）、菜切谷廃寺（加美町中新田）、燕沢遺跡（仙台市宮城野区）などの寺院が造られていく。城柵の設置にともない、仏教寺院も陸奥国北部に入り込んでいく。ただしこれまでの発掘調査では金堂に相当するとみられる建物が検出されるのみで、いずれも本格的な伽藍を有する寺院とまではなっていないようである。

郡山廃寺の終焉には、陸奥国分寺、国分尼寺が造られたことが大きな画期になったように思える。郡山遺跡から北へ三・五キロの地にこれらの寺院は造られる。

陸奥国分寺は東西二四二メートル、南北二四二メートル以上の寺地を有し、南から南大門、中門、金堂、講堂、僧房が中軸線に沿って並んでいる。寺院の聖域となる範囲である中門から金堂にかけての東西七〇メートル、南北五四メートルを複廊で取り囲み、別に七重の塔を東西三八メートル、南北四一メートルの単廊で取り囲んでいる。完成時期については、国分寺建立の詔が出される七四一（天平十三）年から八世紀後半にかけての時期とみられている。ここにいたって七堂伽藍が完備し、回廊が取り付く金堂や中門などの伽藍中枢や、独立した塔院を構成する寺院の成立を見るのである。また国分尼寺についても、金堂とされる礎石式の小規模な建物が発掘調査され

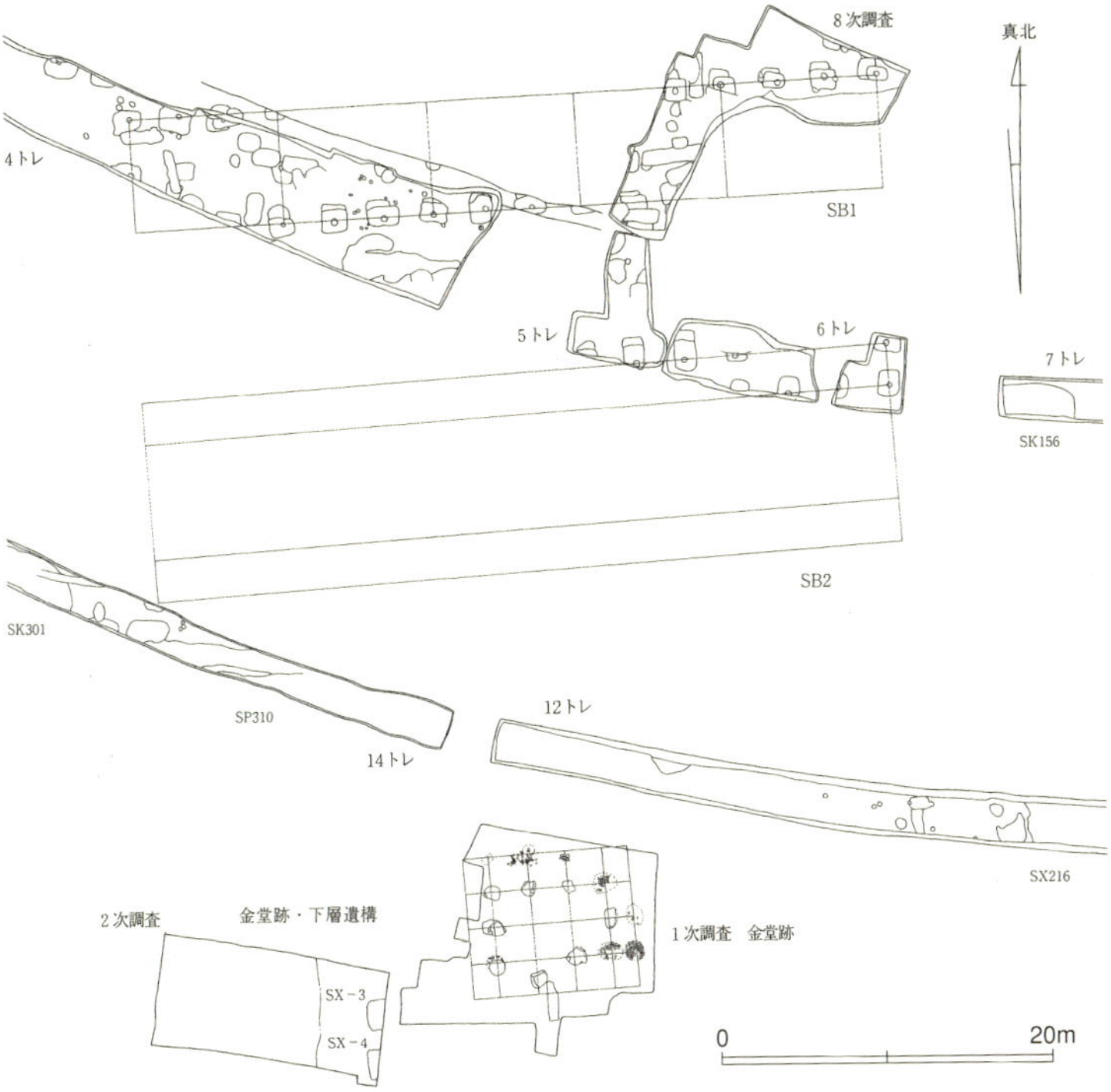

図76　陸奥国分尼寺伽藍

ていたが、北から掘立柱式の東西一五間に及ぶ尼房と、その南面に大型の建物があることが明らかになってきている。

この時期に郡山廃寺は維持されなくなったと考えられる。陸奥国のなかで仏教の中心施設として機能してきた郡山と多賀城廃寺の組み合わせが、陸奥国分寺と多賀城廃寺に転換したのである。とくに国分寺、国分尼寺の規模や配置された建物の構成からは、陸奥国内の中心寺院として機能することが意図されていたことが明らかである。全国に及ぼされた国分寺、国分尼寺の制度が、これまで維持されてきた国府の付属寺院の規模や内容を上回る大事業だったことがわかる。八世紀の半ばまでに全国の国府や郡衙の設置が整ったなかで、人身の把握と租税関係の徴収機構が機能した、律令国家の国家事業としての到達点を示しているものと考えられる。その影で飛鳥時代の名残を留めた寺院が姿を消していったのである。

3　瓦から見えるもの

ここでは郡山廃寺出土の瓦類を中心に、瓦から見た郡山廃寺とその周辺に所在する問題について探ってみたい。

郡山廃寺から出土する瓦は、軒丸瓦、軒平瓦、丸瓦、平瓦（軒平瓦として使用したものを含んでいる）、鴟尾などである。これらのうち軒丸瓦は、西に三キロ程の西多賀丘陵の端部で「西台瓦窯跡」とよばれた地点で焼成されたと考えられている。

軒丸瓦は、材料となる粘土を木笵に型押しして文様が陰刻される。同じ笵を使用しても、使用回数のあまり経ていないものは、笵の残りが良好なため文様の陰影が立体的である。同じ笵でも使用回数を経て、磨り減ったものは文様も平面的になる。それを丸瓦と接合し、焼いたものである。

発見されている軒丸瓦は単弁蓮華文軒丸瓦で、蓮の花弁が、中房とよばれる中央のボタン状の突帯を挟んで八枚配置されている。花弁のなかで最大の盛り上がりは子葉の先端にあり、そこから鎬状の稜線がつづいて延びている。突出した中房内に一＋四の楔形の蓮子があるが、笵の良好な残りのものは蓮子が蓮弁の形態を忠実に写したような形状となっている。間弁は蓮弁より高く、中房を挟んで均等に割り付けられたもの（A種）と、ずれがあるもの（C種）とがある。内区と周縁の間には一本の圏線があり、周縁は平坦となっている。蓮弁の細部のちがいにより、他に二種類の笵

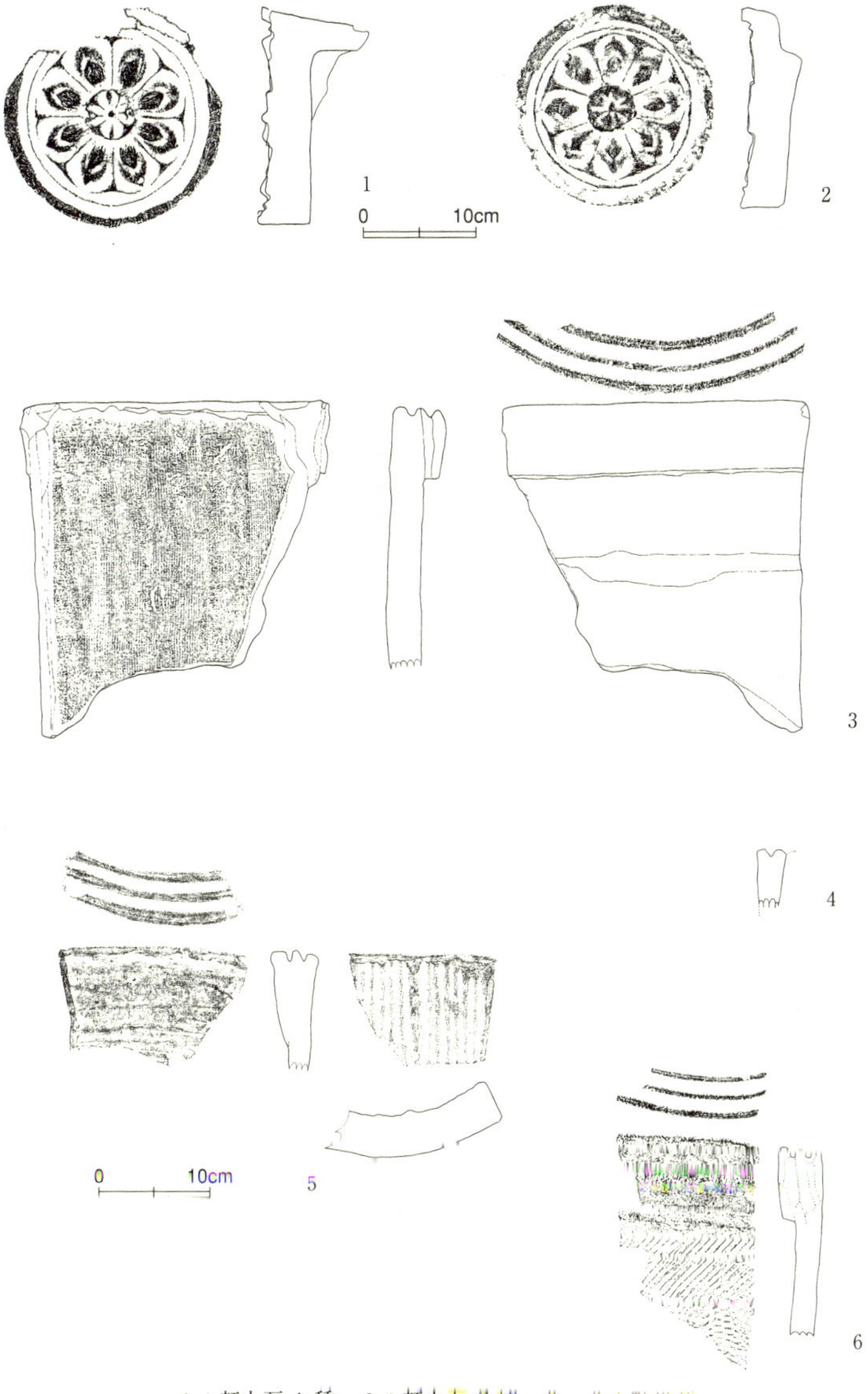

1：軒丸瓦Ａ種　2：軒丸瓦Ｃ種　3～6：軒平瓦

図77　出土瓦１

（B、D種）がある。瓦当の厚さにはばらつきがあるが、全体の形状が明らかなA種とC種では、C種の方が薄くなっている。

郡山廃寺から出土する多くはA種の破片である。B種の破片は二破片で、そのうち一点は推定金堂跡にかかわる区画溝跡のSD562溝跡から出土している。C種は瓦当のみの二個体で、講堂基壇付近から出土している。D種は一破片のみで、蓮弁の子葉の形態が細く長いという特徴があり、表採されている。いずれも文様の基本的な構成が変わるものではない。瓦当文様の全体が明らかなA種とC種では、C種が花弁の配置で精密さを欠くことと瓦当の厚さが薄いこと、全体に占める出土量が少ないことから、後出の補修瓦であると考えられる。

軒平瓦は、ロクロ挽き重弧文軒平瓦の顎部の破片が一点出土している。平瓦の部分から帯状に貼り付けた顎部の破片である。剥離した面には平瓦との接合面にヘラ状の工具でキザミが入れられている。同様の特徴を示すものが、方四町Ⅱ期官衙内中央の竪穴建物跡（SI376）から一点出土しており、凸面縄叩きの後にヘラケズリが施され、凹面が布目痕のみの桶巻き作りによる平瓦に接合している。

郡山廃寺とその周辺からは、軒丸瓦の破片が五〇点ほど出土しているのに対し、ロクロ挽き重弧文軒平瓦はきわめて少ない。この理由については、平瓦のなかに凸面にベンガラの付着したものがあり、建物の軒の部材（茅負）に接していたことを推定することができる。つまり平瓦を軒平瓦の部位に代用していたのである。

このような平瓦の存在は、六〇九（推古十七）年に完成した、日本で最初の寺院である飛鳥寺の創建期の瓦などに見られる。飛鳥寺では平瓦の広端部を軒先に向けて葺いている。本来の平瓦は広端を上に向けて葺かれているので、その逆である。これは朝鮮半島の百済での軒先の瓦の葺き方を、そのまま踏襲しているものとみられている。

　また郡山廃寺では、平瓦でも凹面の端部に波状文が入るものがあり、その部分が地上から見上げた場合に顎となっていた可能性がある。このような例は腰浜廃寺の重弧文軒平瓦にも見られ、軒平瓦の顎部に鋸歯文や山形文が施されているものの先行する形態となっていたことを示している。ただし郡山廃寺では瓦当となっていた部分が今のところ出土していないので明らかではないが、前述した平瓦とともに軒の出を構成していた瓦の一種になると考えられる。

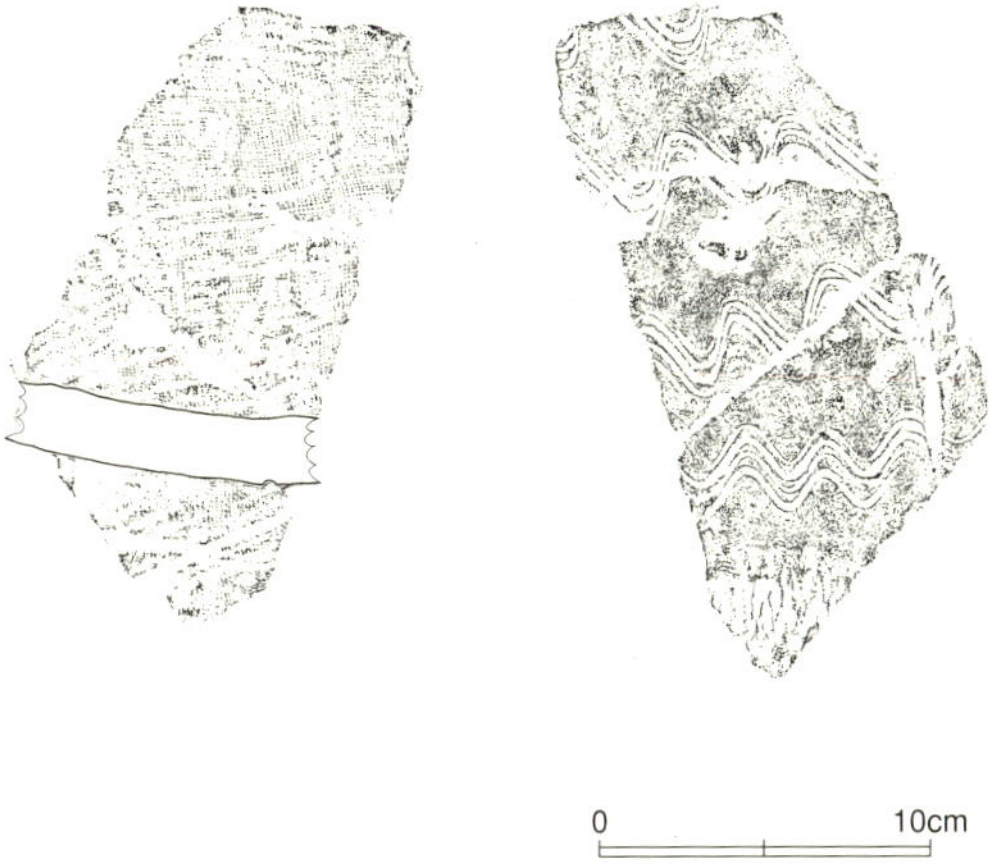

図78　出土瓦 2

　平瓦は桶巻き作りで、縄叩き（平瓦B類）されている。縄叩きの後に擦り消しやヘラケズリが施されているものが多い。丸瓦は粘土板巻き作りによる行基式丸瓦である。丸瓦も平瓦と同様に、縄叩きの後にナデやヘラケズリが施され、叩き目が消されたもの（丸瓦B類）が多い。

　また郡山廃寺の講堂基壇上や南門から鴟尾の破片が出土している。文様などはなく、高さは一メートル

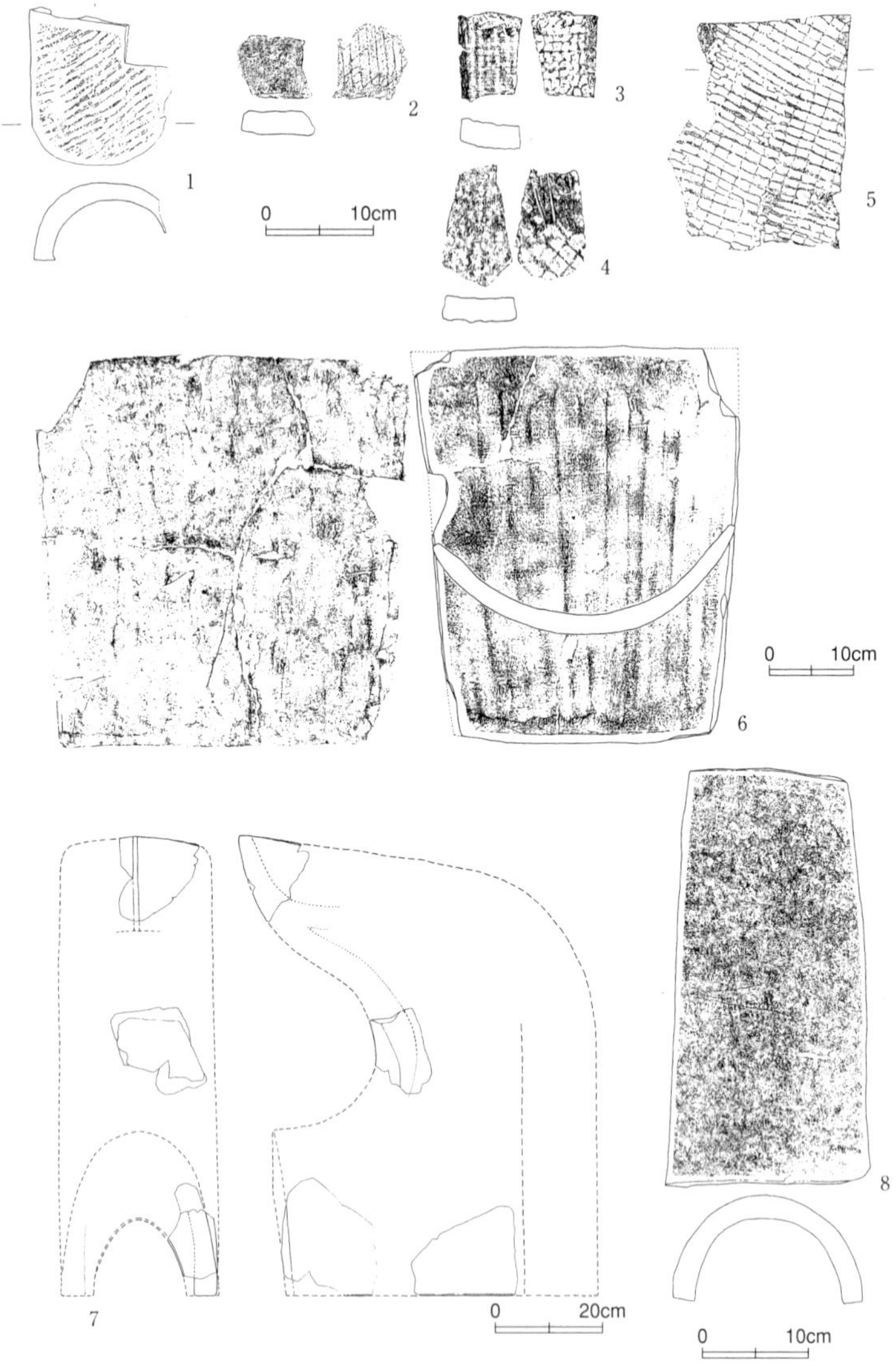

1：丸瓦（A 類）　2：平瓦（斜格子）　3・4：平瓦（正方格子）
5：平瓦（長方格子）　6：平瓦（B 類）　7：鴟尾　8：丸瓦（B 類）

図79　出土瓦 3

程とみられ、ナデやヘラケズリにより成形されている。出土している破片の胎土や焼成からは、二個体以上存在したことが考えられる。日本の古代寺院跡のなかにあって、今のところ最北の出土地となっている。

これらは寺院にともなっていたとみられるが、それ以外にも瓦が少量存在し、課題となっている。

それは郡山廃寺からは出土せず、Ⅰ期官衙の北部や方四町Ⅱ期官衙の内部にあたる遺跡北部から出土する少量の瓦群である。軒平瓦、平瓦、丸瓦がある。

軒平瓦は郡山廃寺と同じロクロ挽き重弧文軒平瓦であるが、凸面平行叩きで凹面が布目をていねいに摺り消したもの（図77―6）と、凸面格子叩きで凹面が竹状摸骨痕のもの（図77―5）がある。おのおの一点ずつしか発見されておらず、郡山廃寺からは出土していない。このうち竹状摸骨痕のものは凹面の凹凸が棒状のもので、畿内や九州の丸瓦に見られ、朝鮮半島に起源のあるものである。

これら二点が出土したのは、方四町Ⅱ期官衙内の南東部で、Ⅰ期官衙からは離れた地点である。ともにⅡ期官衙の遺構を切る（壊して掘り込まれた）穴や溝跡から出土しており、本来はⅡ期官衙の時期にともなっていた可能性がある。

平瓦では、凸面が格子叩きされたもの（平瓦A種）で、斜格子、正方格子、長方格子がある。凹面は桶巻き痕跡のものがほとんどであるが、正方格子のもののなかに軒平瓦で述べた竹状摸骨痕のもの（図79―3）が含まれている。正方格子のもので桶巻き痕跡が竹状摸骨痕ではなく板状のものは、Ⅰ期官衙期の竪穴住居跡（ＳＩ７９）や総柱建物跡（ＳＢ２６４）の柱抜き取り穴から出土している。したがってⅠ期官衙の時期までさかのぼることは確実である。しかし、Ⅰ期官衙に瓦葺きの建物が存在していたとは考えにくい。瓦自体の出土量が少なく、部分的な瓦葺き建物を想定するにしても、その量には達していないからである。

Ⅰ期官衙の後半期には郡山廃寺の造営に着手している。したがって、これらの瓦は造寺にかかわり、Ⅰ期官衙内に持ち込まれた可能性を考えてみたい。官衙内に造寺にかかわる部署があり、官衙建物には採用されなかったが、サンプルのように少量保管されていたのではないか。

ただこの見解については、Ⅰ期官衙内に仏堂程度の小規模な建物を想定すべきではないのかという指摘を頂いている。

しかしⅡ期官衙の時期にも、前述したような二種類の軒平瓦がごく少量出土しており、このこともまたそのような部署の存在を示唆しているのではないだろうか。また同じようなことは長方格子の平瓦が一点のみ出土している（図79―5）ことからもいえる。この瓦は叩き具の特徴や焼成、胎土、瓦の厚さを観察する限り、福島県相馬市に所在する善光寺遺跡七号窯跡で焼成されたものと考えられる。この瓦は、陸奥国の南部にある宇多郡の郡衙あるいは寺院跡といわれている黒木田遺跡に供給された軒平瓦と同じ瓦である。このことは郡山遺跡のⅠ期官衙、Ⅱ期官衙が各地の造寺にかかわっていた実態を垣間見せているように思えてならない。

コラム

単弁と重弁

　郡山遺跡の単弁蓮華文軒丸瓦と多賀城跡や陸奥国分寺で出土している重弁蓮華文軒丸瓦とは、どこがちがうのですかと聞かれることがよくある。これには言葉に窮する。基本的には同じ文様の瓦だからである。ではなぜ呼称がちがってしまったのか。これには双方が扱われてきた経過にちがいがある。別な言い方をすれば、それぞれに研究史があるということである。

　軒丸瓦の蓮華文は、蓮の花を文様に用いたものである。花びらの形から、素弁蓮華文、単弁蓮華文、複弁蓮華文、細弁蓮華文、重弁蓮華文、宝相華文などに分けられて呼ばれている。これらのうち単弁と重弁蓮華文の文様の特徴を挙げて、差異を確認しておきたい。ただしいずれの文様でもそのベースとなる素弁蓮華文について、葺かれた代表的な寺院、東北地方からの出土例について触れることから始める。

　素弁蓮華文は花弁のなかに何も配されず、弁端を桜花状に表したり、点珠を入れたりする。中房は小さく、なかに半球形の蓮子を配している。祖形は中国の南朝といわれているが、国内では百済から直伝した文様とみられている。飛鳥寺や四大王寺、法隆寺などの日本国内でも最古級の寺院跡から出土している。

　東北地方でこれに近いものは伏見廃寺出土の素弁蓮華文軒丸瓦である。これは大和の法輪寺における創建瓦との類似が指摘されている。またこの他に腰浜廃寺出土の素弁蓮華文軒丸瓦は、備後の寺町廃寺や、京都の広隆寺の素弁蓮華文軒丸瓦のように弁中央に稜線を有するものである。ただし

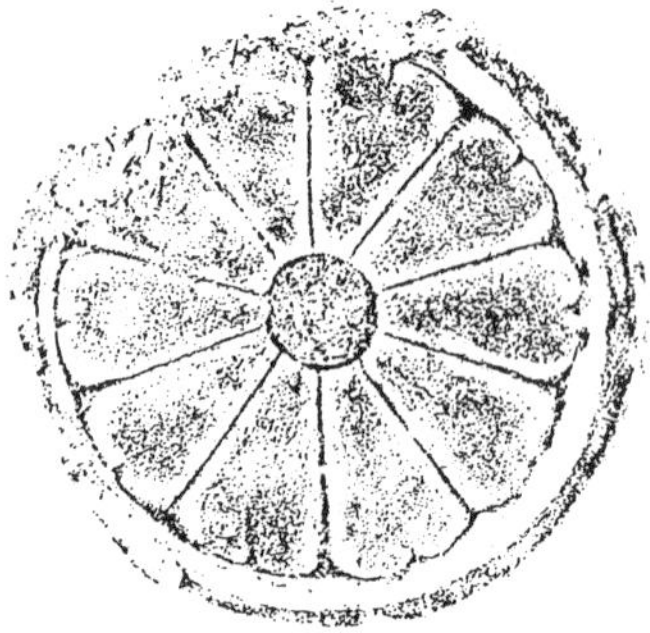

1．素弁蓮華文

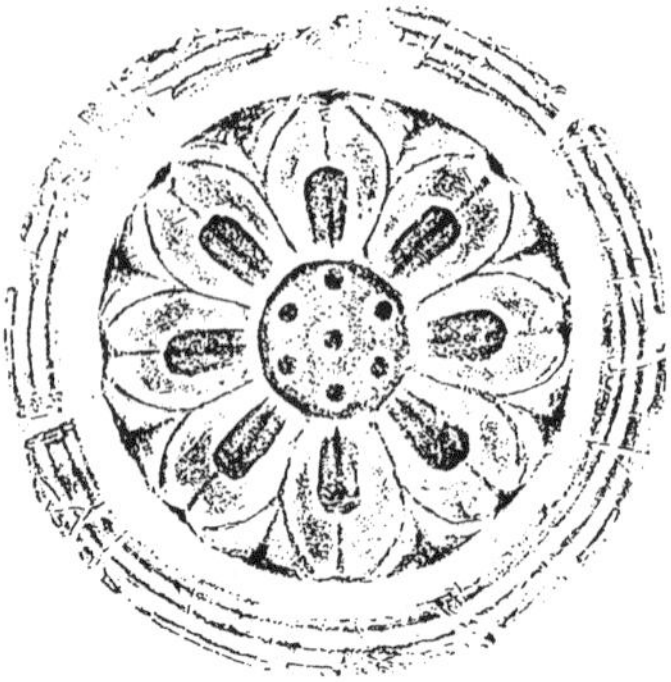

2．単弁蓮華文

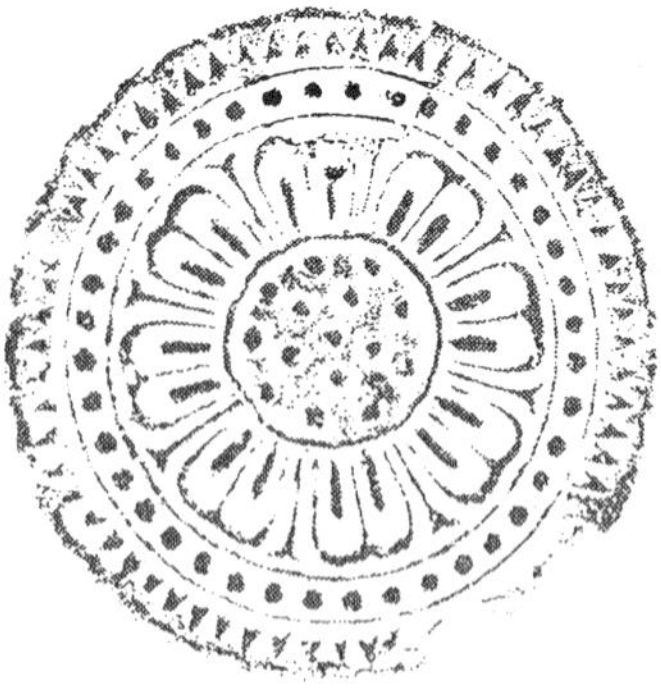

3．複弁蓮華文

4．重弁蓮華文

図80　軒丸瓦の文様（1～3：奈良文化財研究所、4：京都府教育委員会）

これらの東北の素弁蓮華文軒丸瓦は、組み合う軒平瓦の実態が明らかではない。とりあえず平瓦が軒先に多用された郡山廃寺よりは年代的に新しくなるものと見ておきたい。

　単弁蓮華文は花弁のなかに、種子から最初に出る葉の子葉を表現した隆起のあるものである。中房はやや大きくなり、なかにボタン状の蓮子を配している。山田寺や坂田寺跡から出土し、飛鳥時代の中頃から奈良時代の初めに成立した古代寺院の多くに葺かれている。

　蓮華文全体のモチーフからみれば、郡山遺跡出土の軒丸瓦はここに位置づけられる。多賀城や陸奥国分寺出土の重弁蓮華文軒丸瓦もここに含まれるが、多賀城跡の報告書『多賀城跡政庁跡本文編』では、子葉の形態が「一般的な単弁蓮華文軒丸瓦に見られるような逆U字形の子葉とは意匠を若干異にすることから、内藤政恒の提唱に従い、ここでは重弁蓮華文軒丸瓦とよぶことにする」という見解に立っている。それは花弁内の隆起を子葉と解するか、小さな蓮の花と見るかというちがいである。ここが単弁と重弁という呼称の別れる理由である。瓦の研究者である石田茂作の分類によっても、ここでいう重弁蓮華文軒丸瓦は単弁蓮華文軒丸瓦のなかに入れられるべきものであるとしている。

　では本来の重弁蓮華文とはどういうものをさすのだろうか。よく引用されるのが京都の樫原廃寺の瓦である。細い単弁のなかに子葉状の隆起が一重になっているもので、全体的には類例が少ない。東北地方では大貝窯跡から出土している軒丸瓦C類が該当すると考えられる。この瓦は多賀城政庁跡からも出土しているが、瓦当径が二六センチを超えることから、他の軒丸瓦とは用途が異なる可能性がある。瓦当面の陰影からは細弁蓮華文の製作技法の影響を受けているとみられ、直接的に重弁蓮華文の製作を意図したものかは疑問である。

　一九七〇（昭和四十五）年に刊行された多賀城廃寺の発掘調査報告書では、出土している軒丸瓦

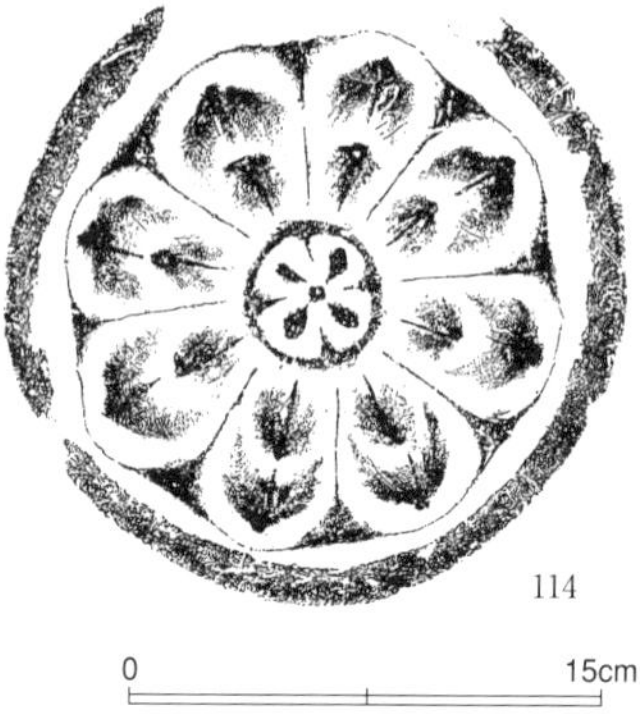

図81　多賀城創建期の軒丸瓦

を多賀城式重弁蓮華文との呼称を用いている。全国的な視野でのとらえ方は必要であるが、これまでの調査経過や研究の積み重ねからは、多賀城や陸奥国分寺から出土する重弁蓮華文の呼称は尊重されねばならないと考えている。

　郡山遺跡から出土する単弁蓮華文軒丸瓦と、多賀城跡から出土する重弁蓮華文軒丸瓦の関係は、どのようなものなのだろうか。

　これまでは郡山遺跡から出土する創建段階のA種との比較から蓮弁や蓮子の形態だけで論じられていた。前章で述べたように郡山遺跡から出土するC種とする軒丸瓦は、蓮弁間の配置のずれから中房を挟んで間弁が一直線で通らないことや、他にくらべ径が小さいこと、径にたいして中房の割合が大きいなどの点で、多賀城第Ⅰ期に分類されている一一四番（多賀城跡分類番号）とする軒丸瓦との間に共通する点が見出せる。郡山遺跡の補修瓦とみられるC種の軒丸瓦の圏線を略したものが、多賀城一一四番の軒丸瓦に継承されたのではないだろうか。多賀城一一四番の笵製作時に影響を及ぼした可能性を考えておきたい。

　伊東信雄は、多賀城や多賀城廃寺から出土する重弁蓮華文軒丸瓦は白鳳様式に属するものであると述べている。その理由は郡山廃寺の軒丸瓦を継承したためであったからである。

V　郡山と多賀城

1　Ⅱ期の転換期

郡山遺跡に造られていたⅡ期官衙について、方四町Ⅱ期官衙、寺院東方建物群、寺院西方建物群、南方官衙（東地区・西地区）、それに郡山廃寺を含め、それぞれが迎える終末に時期的なちがいがあることについては先に述べた。最も早く終焉を迎えるのが寺院東方建物群である。方四町Ⅱ期官衙の遺構、遺物の様相からは、Ⅱ―A期のなかで終末を迎えている。その次が方四町Ⅱ期官衙である。なお遺物からは確認できないが、Ⅱ―B期の遺構が存在する寺院西方建物群と、火災で焼失した後に同様の建物が建てられる南方官衙（東地区）もほぼ方四町Ⅱ期官衙と終焉は同じと見ておきたい。最後まで機能を残しているのが南方官衙（西地区）と郡山廃寺である。南方官衙（西地区）の建物が郡山廃寺と関連した機能を有している可能性が考えられる。

おのおのの官衙の年代観については、表3のようになる。この様相を見ると多賀城と方四町Ⅱ期官衙の終末とは、やや重なり合っている。

表3　郡山遺跡と多賀城跡の年代比較

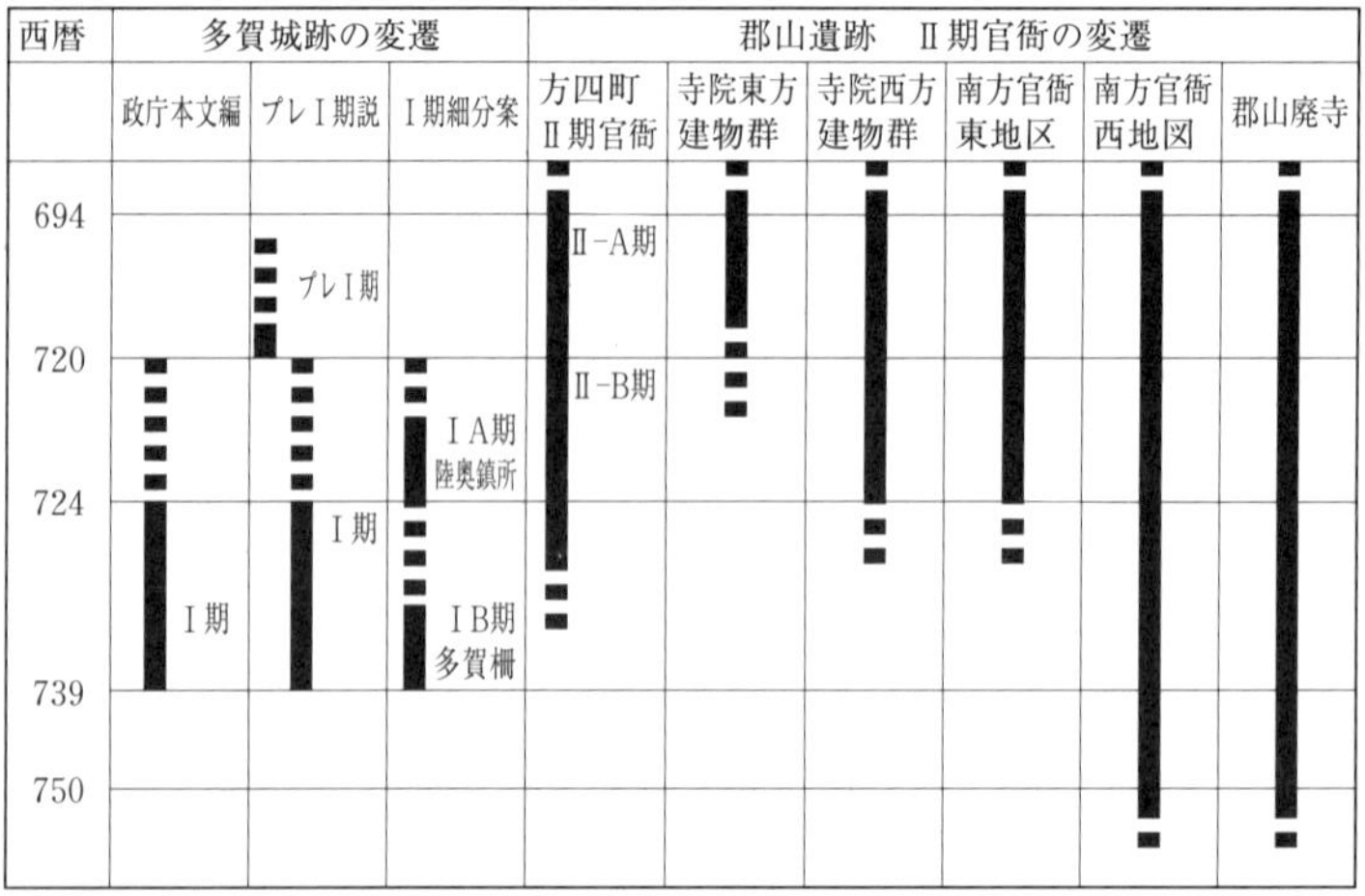

方四町Ⅱ期官衙の後半期はⅡ—B期となり、官衙内の建物配置が大きく変わる。政庁内の南には、Ⅱ—A期では数棟の建物（SB1635、1555など）が、「ロ」の字形に配置されていた。建物に囲われた範囲は広場となっている。そこにⅡ—B期のやや西に方位が振れた建物が追加されていく。この方位のちがう建物の増加により、整然としていた建物配置が政庁南部では大きく変容してしまう。

今泉隆雄は『郡山遺跡発掘調査報告書—総括編(1)—』のなかで、正殿や前殿の建物の南に位置し、後にⅡ—B期の建物が追加された広場状の空間を「中庭」としている。図82のようにその南を「南庭」、北方の正殿前面を「前庭」とし、石敷きや石組池の周辺を「後庭」とする見解を取っている。「後庭」は蝦夷の服属儀礼の空間である。

飛鳥宮とⅡ期官衙中枢を比較検討した林部均も

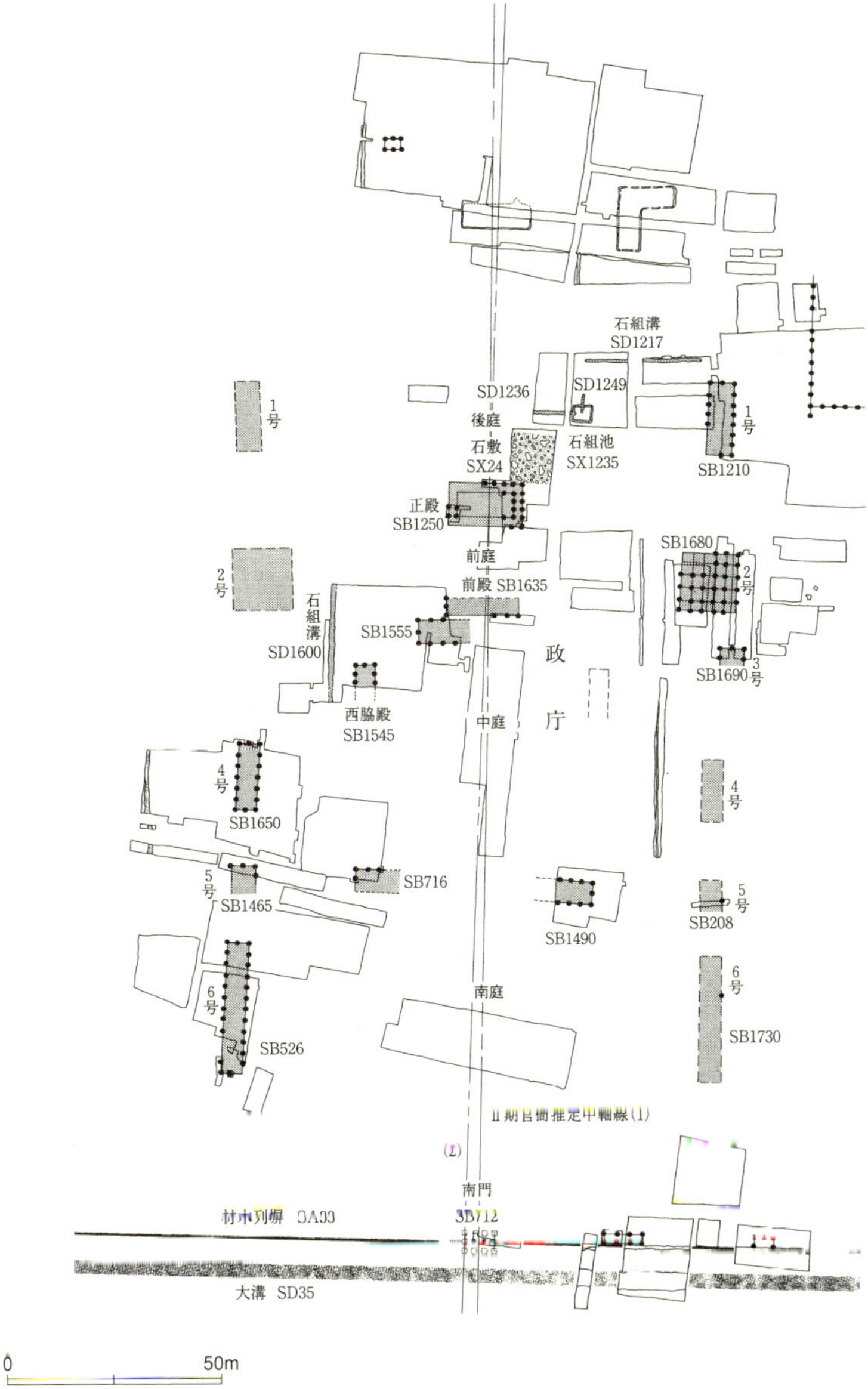
石組溝
SD1217
SD1236
後庭
SD1249
石組池
SX1235
石敷
SX24
1号
SB1210
正殿
SB1250
前庭
前殿 SB1635
SB1680
2号
石組溝
SD1600
SB1555
政
庁
SB1690
3号
西脇殿
SB1545
中庭
4号
SB1650
SB716
5号
SB1465
SB1490
SB208
6号
南庭
SB526
SB1730
II期官衙推定中軸線(1)
(2)
南門
SB712
材木列塀 SA33
大溝 SD35
0
50m

図82　方四町II期官衙中枢

複数の「庭」の存在を指摘している。また正殿の前で儀礼が行われるのではなく、後の空間で行われたことは、飛鳥宮における蝦夷の服属儀礼が石神遺跡や飛鳥寺の西の空間で行われたことと共通するとしている。

今泉が指摘するように「後庭」、「前庭」、「中庭」、「南庭」とみた場合に、Ⅱ―B期の遺構が入り込むのは「中庭」のみである。石組池を中心とした服属儀礼の空間である「後庭」は、使用されていたかどうかは別にして官衙廃絶時期まで維持されている。「南庭」にしても今のところⅡ―B期の遺構が入り込んだ様子は見られない。そうであるならば、この中庭の機能の喪失が、Ⅱ期官衙の大きな転換期となっていたのではないだろうか。

Ⅱ―B期の始まりには火災が関連していることが考えられる。方四町Ⅱ期官衙のなかで、ＳＢ１５５５や１５４５建物跡、東区一号掘立柱建物跡が焼失してから、Ⅱ―B期の建物が、その地点や周辺に入り込んでいる。今のところ出土している遺物は、東区一号掘立柱建物跡の抜き取り穴からのみであるが、多賀城の創建期の遺構である外郭東門に先行する竪穴住居跡（ＳＩ１７９１）や、大畑地区の竪穴住居跡（ＳＩ１９６０、１２３９）出土の須恵器類を見るかぎりでは、Ⅱ―A期の終末の方がやや先行しているように見える。したがって、Ⅱ―B期の下限である方四町Ⅱ期官衙の終末は、政庁南西部「中庭」内の穴（ＳＸ１６１６）から出土した遺物（図62参照）で考えているので、多賀城創建期より降るものと考えられる。

2　多賀城政庁の成立期について

　このような遺構群の様相から考えると、多賀城に国府としての機能が移るのは、郡山遺跡のⅡ—B期の時期ではないのだろうか。「中庭」でなされていた機能が移り、そのブロックを構成する建物群に築地がめぐり、独立させたのが多賀城Ⅰ期政庁の姿である可能性を考えたい。そしてそれが国府機能の象徴的施設である〝政庁〟の成立とみたい。ただし多賀城では第Ⅰ期段階での遺構はきわめて少ない。後の時期の整地や切り土による原地形の改変もあり、遺構が発見されていない可能性もあるが、実務官衙群の構築が政庁より遅れたことを想定しておくことも一つの考えであろう。郡山遺跡で「中庭」以外の方四町Ⅱ期官衙の機能が終わるのは、Ⅱ—B期が終了してからであり、そのなかには実務官衙群が含まれていたはずである。南方官衙西地区の機能が終了するのは八世紀でも後半代である。郡山からの実務官衙群の移動は、政庁とはやや時間的な幅をもたせておくことが必要なのではないだろうか。

　このことを考える上で、多賀城創建期について検討した古川一明の見解を紹介しておきたい。ここでいう創建期は、多賀城の第Ⅰ期から第Ⅳ期までの変遷のうち、第Ⅰ期のなかでも当初の頃である。

　一九八二（昭和五十七）年に刊行された「多賀城跡政庁跡本文編」では、第Ⅰ期として扱っていた遺構期をⅠA期とⅠB期に分け、主要施設が本格的に整備されたのはⅠB期であると考えるものである。

　ⅠA期は、A群とよぶ瓦がともない、ⅠB期になると廃棄されるこれらの瓦群を使用した建物が

表4　多賀城創建期の瓦（右肩は多賀城跡における分類記号）

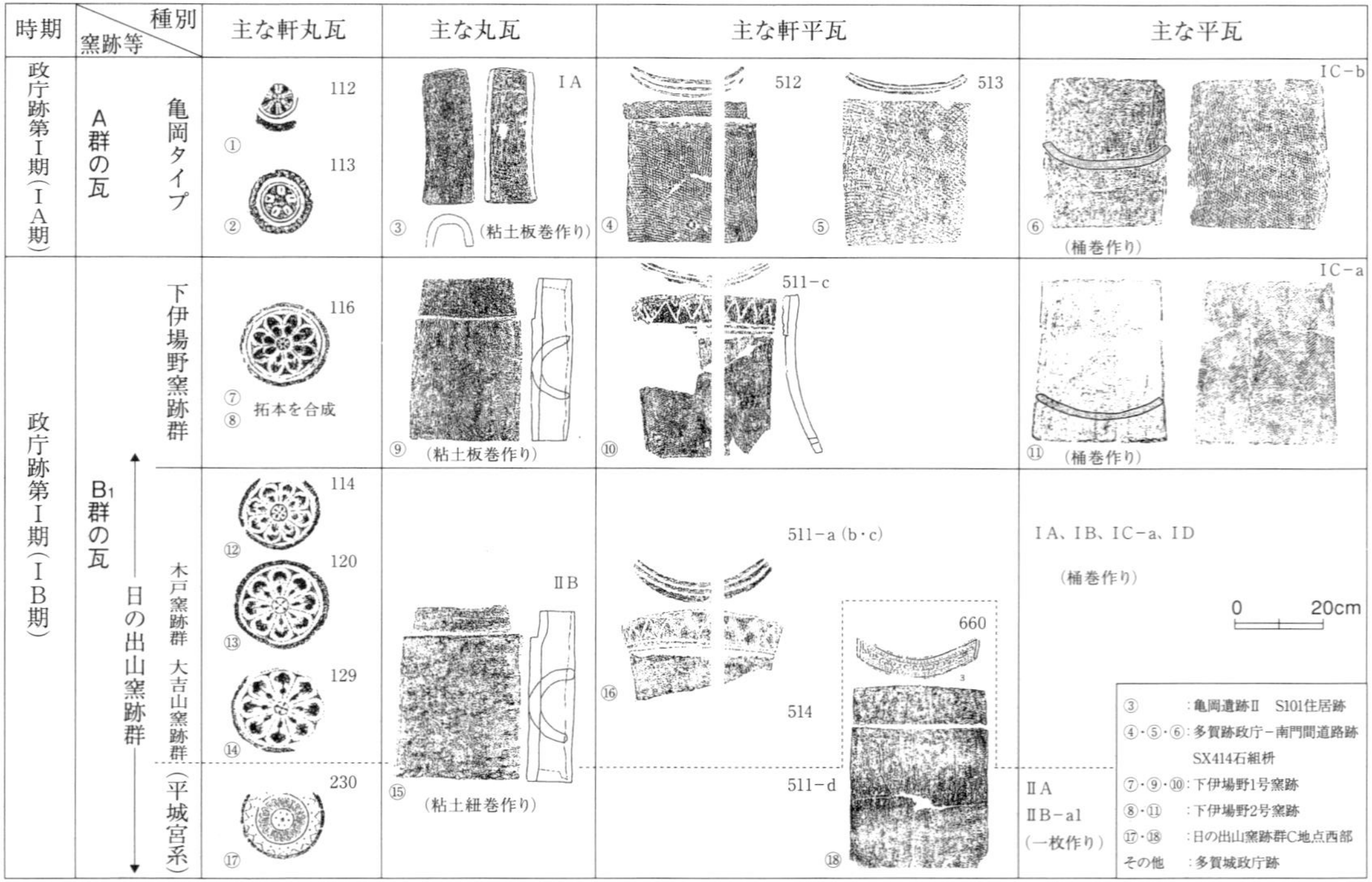

表5　多賀城創建期の土器

時期	遺構＼器種	須恵器	土師器	瓦類
7世紀後半	六月坂 SI271 竪穴			
政庁跡第Ⅰ期（ⅠA期）	五万崎 SI1432 竪穴	 (回転ヘラケズリ)		
政庁跡第Ⅰ期（ⅠB期）	外郭東門 SI1791 竪穴	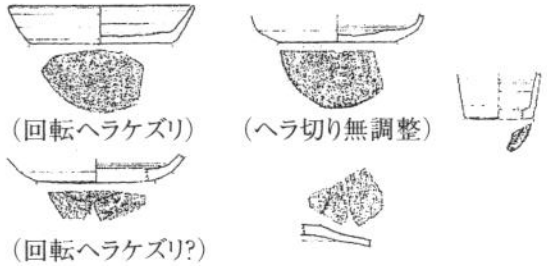 (回転ヘラケズリ) (ヘラ切り無調整) (回転ヘラケズリ?)	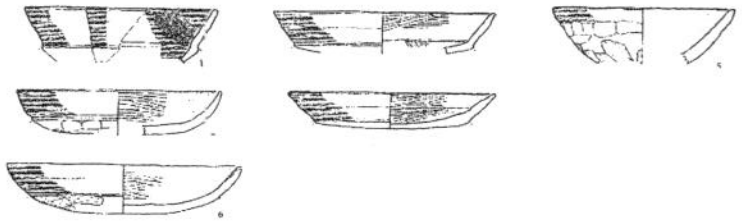	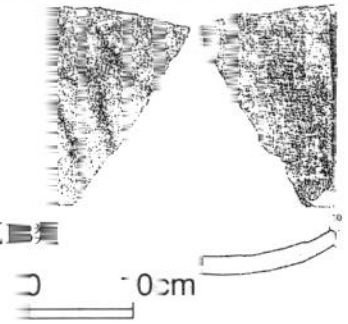 平瓦Ⅰ類
	大畑 SI1901 竪穴		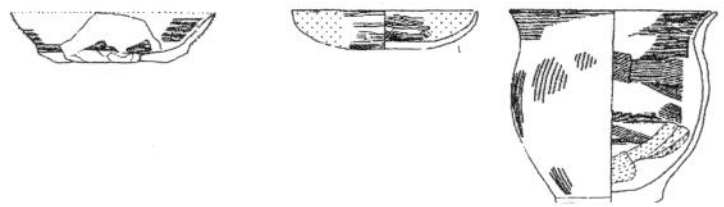	
	大畑 SI1963 竪穴			
	大畑 SI2439 竪穴	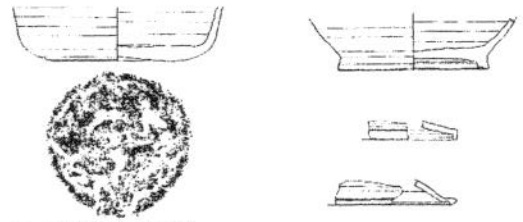 (ヘラ切り無調整)	 0 10cm	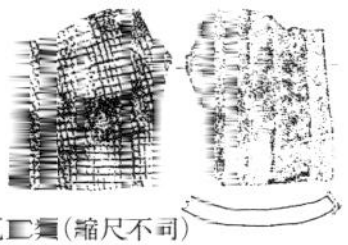 平瓦Ⅰ類(縮尺不同)

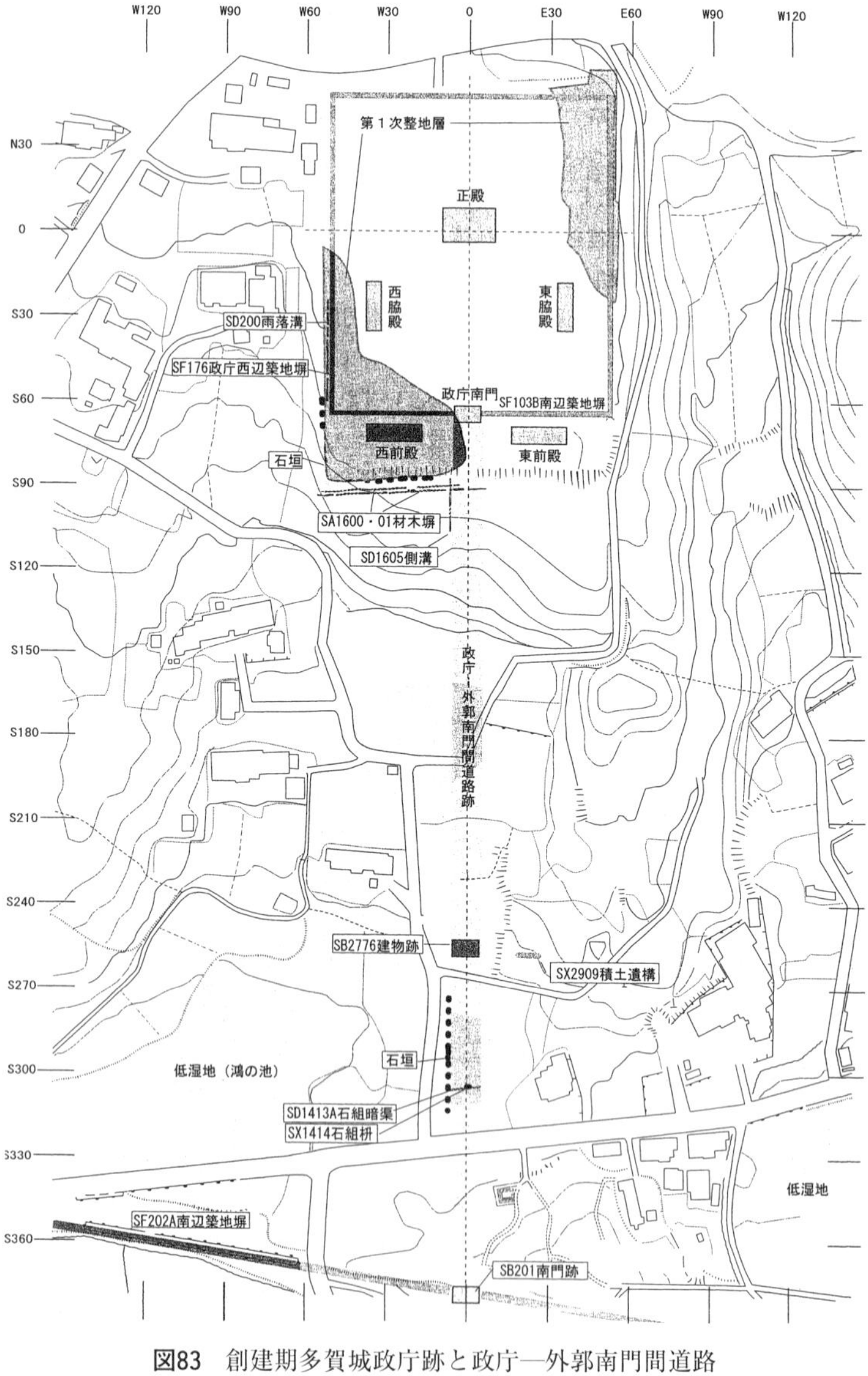

図83　創建期多賀城政庁跡と政庁—外郭南門間道路

存在する時期である。この段階で政庁正殿から約九〇〇尺南に位置した箇所に掘立式八脚門と推定されるＳＢ２７７６建物跡が造られ、詳細な上部構造は明らかでないが、積土（ＳＸ２９０９）や、丸太列をともなう筏地形（ＳＡ１２６３、ＳＸ１２６１）が、東西方向に延びることが部分的にではあるが確認されている。またこの時期には政庁南面に道路が造られ、路面下の暗渠（ＳＤ１４１３Ａ石組暗渠）の裏込め土には、郷里制や健児制などを示す木簡や削屑が含まれており、その年代観から、この道路建設の時期は七二一、七二二（養老五、六）年頃と考えられるとしている。

城内や南辺以外の外郭ではⅠＡ期の遺構は不明確な状況にあるが、政庁の北東、大畑地区で柱列（ＳＡ２４０６・２４２６）や建物跡（ＳＢ２４１０）が発見されており、初期の官衙的施設を構成する可能性があるという。

ⅠＢ期は、Ｂ１群とする瓦がともない、前段階のＡ群の瓦より多量に瓦が供給された時期で、その後に継承される多賀城の主要施設である、政庁、外郭施設、城内官衙域、多賀城廃寺などが本格的に整備されたとしている。なおこの時期は郡山廃寺の瓦当文様との類似性がみられ、影響を受けたと考えられる一一四番（多賀城跡分類番号）の瓦が多賀城廃寺や政庁（ⅠＢ期）に供給されている。

外郭施設では築地塀の他に、東辺で材木塀を併用し、櫓状建物を付加している。この材木塀と櫓状建物のあり方は、郡山遺跡Ⅱ期官衙と共通する要素として注目されるとしている。

これらの暦年代については、『続日本紀』養老六（七二二）年から神亀元（七二四）年に集中してみえる「鎮所」の一連の記事が多賀城創建にかかわるものとみて、創建年代の起点をこの間に想定しておきたいという解釈を取っている。これによりⅠA期開始の上限年代を七二二（養老六）年前後に想定し、七二四（神亀元）年――多賀城碑の碑文によれば、多賀城は神亀元年に鎮守府将軍大野東人の建設したものとされている――はその完成年とみることが妥当と考えている。

ⅠB期は開始年代が七二四（神亀元）年以降であり、『続日本紀』には天平元（七二九）年九月十四日――神亀六（七二九）年八月五日改元――に大野東人が在鎮の兵の勲功を録すとの記事があり、多賀城の整備にかかわる可能性も想定しておきたいとする。

3　郡山から多賀城への国府の移動

多賀城の本格的な整備はⅠB期段階に開始され、単なる施設拡充という意味に止まらず、多賀城の機能や性格の変化にかかわる意思決定が働いたと考えることができ、国府機能が郡山Ⅱ期官衙から多賀城に移転した可能性を見出すことができるのではないだろうか。

ここでいうⅠB期の段階で多賀城が陸奥国府として機能しはじめ、それ以前の一時期を別に設定するという考えは妥当な見方である。SB277 6建物跡を門跡として評価し、周辺での区画施設の痕跡とみられる積土や筏地形を遮蔽施設とみることや、A群とした瓦が葺かれた建物跡の存在を想定することは異論のないところである（郡山遺跡のⅡ―A期、Ⅱ―B期と多賀城のⅠA期、ⅠB期との間の呼称が煩雑となるので、以下では多賀城ⅠA期、多賀城ⅠB期とよぶ）。

ただし多賀城の政庁と外郭南門間道路が多賀城ⅠA期にでき上がっていたとしても、政庁がどれほど完成していたのか、A群の瓦を葺く建物が正殿や脇殿相当の建物のなかにあるのか、これまでの政庁I期と遺構配置が同じなのか、これから検討の余地があるだろう。郡山遺跡のII—A期段階の政庁のうち、中庭とした機能が移転した段階が国府移転の可能性が高いとみるので、多賀城IB期の開始時期に注目したい。

なお表3中に「プレI期説」というのが図示されている。これは多賀城政庁南側で検出された遺構のなかで、SB1599門跡とそれから延びるSA1600・1601塀跡、その北側に平行するSA1602・1603塀跡に一定の時期を設定する考えである。阿部義平や須田勉により提唱されている。遺構の解釈や時期については差異があるが、私見では同感である。

調査者の見解では「簡易なもの」、あるいは「整地A南辺と方向が一致し（中略）暫定的な施設とする見方を補強する」などとしている。しかし検出されている遺構を見ると、SB1599門跡は掘立柱式の一辺〇・七から一メートル、深さ一メートルの柱穴掘り方で、抜き取りにより柱痕跡は不明であるが、柱間一・五メートルの棟門である。またこれから延びるSA1600、1601塀跡は材木列で、幅〇・五メートル弱、深さ〇・八メートル前後、材は直径一五センチと報告されている。北に平行するSA1602塀跡も材木列で、掘り方は四〇から五〇センチ、深さ三〇センチ、材痕跡は直径一五センチの円形、SA1603塀跡も材木列で掘り方は約四〇センチ、深さ約二〇センチ、材痕跡は直径二〇センチの円形であるとしている。これらのうち、南側のSB1599門跡とそれから延びるSA1600・1601塀跡は東西で七〇メートル以上に及び、政庁西辺の南延長を越えてさらに西に延びている。これらの門と塀が整地Aの西端となる西辺石垣より西に延びることも確認されつつある。

規模や総長からみれば郡山遺跡Ⅰ期官衙の材木列、門跡となんら変わるものではなく、一定の時期を与えるべきものである。Ⅰ期官衙の存続期間を四〇年程度とみた場合でも、ほぼ同一の箇所で五ないし六時期の重複する塀跡があるので、短期間でみても六、七年は耐用するものと考えられる。公表された資料でも、第Ⅰ期政庁造営にともなう整地Aの下層で検出されている材木列があることや、政庁内で第Ⅰ期西脇殿よりさかのぼる塀跡（SA2812）の存在もあることからさまざまな可能性を視野に入れた取り扱いを必要とする。

したがって多賀城ⅠA期に取り込むか、別にプレⅠ期のように設定するかは課題として、先行期のあることを検討する余地を残して置くことを提案したい。

4　郡山と多賀城のちがい

郡山遺跡Ⅱ期官衙と多賀城第Ⅰ期では、立地や外郭線の種類、政庁の構成や区画、倉庫院の存在、官衙外の付属施設、官衙内の主要道路の存在などでちがいがあり、機能的にはかならずしも同一ではない。しかし掘立柱式建物による官舎や、寺院の伽藍、軒丸瓦の文様などでは継続性が認められる。ちがいが認められる点については求められていた機能と背景のちがいであると理解したい（表6参照）。以下では、それぞれの遺跡の各施設や環境などを個別に取り上げ、対比させてみる。

立　地　立地については官衙に求められていた領域のちがいの差があらわれている。郡山Ⅱ期官衙は宮城県北部や山形県の内陸部である最上、置賜地方まで視野に入れた国府とし

表6　郡山遺跡と多賀城跡の比較（古代城柵官衙遺跡検討会2008より）

	郡山遺跡Ⅱ期官衙	多賀城Ⅰ期
立地・河川	沖積平野・名取川、広瀬川	丘陵上（標高30m前後）
外郭線（規模）	材木列 材木列　東西428×南北424m 外溝　535×　534m	築地塀（材木列55次） Ⅰ期中に南辺拡大、その他不明
外郭線櫓状建物	3種あり	あり？（55次　SB1852）
政庁（規模・区画）	東西108m×南北218mの範囲 3ブロックあり、区画なし	東西110m×150m 築地塀
政庁（特徴）	正殿（四面廂付建物跡） 石組池、石敷、石組溝 楼閣風建物 東西に建物列あり	正殿（南廂付） 「コ」字配置の中央に広場
正殿（規模）	桁行8間、梁行5間（17.4×11m）	桁行5間、梁行3間
実務官衙	方四町Ⅱ期官衙南東隅に15棟以上	不明（金堀地区？）
官舎	すべて掘立柱建物	掘立柱建物（大畑）？
倉庫	〃　（寺院西方建物群）	不明
官衙外の施設	南方官衙（西地区・東地区） 寺院東方建物群 〃　西方建物群	不明
道路	未発見	政庁―南門間幅13m直線道路
寺院	郡山廃寺	多賀城廃寺
関連集落	囲郭集落 西台畑・長町駅遺跡	山王・市川橋遺跡
屋根瓦	（郡山廃寺） 単弁蓮華文軒丸瓦 ロクロ挽き重弧文軒平瓦 平瓦で代用（多量）	重弁蓮花文軒丸瓦 手描き重弧軒平瓦

ての選地である。仙台湾の最も奥まった地で、名取川沿いにさかのぼれば最短で山形方面に行ける立地である。また海路により牡鹿地方との連絡も可能である。多賀城は山形方面の地域が七一二（和銅五）年に成立した出羽国に移管され、陸奥国の領域が太平洋側のみになってからの国府であり、内陸の大崎地方の支配体制に課題を有していたことから、仙台平野北端で海

路にも近い立地となったものと考えられる。

官衙の形態

郡山Ⅱ期官衙は、六八〇年代から工事され六九四年に完成された藤原宮のほぼ四分の一のサイズ（条坊の一坊分）で、外周帯や官衙内の建物配置から設計に影響を受けた方形を基調にしていると考えられる。多賀城については第Ⅰ期の初めになんらかの先行期を設ける必要があり、全体のプラン、区画の種類については追加の検証の必要がある。

外郭線

郡山遺跡Ⅱ期官衙が規模の大きい材木列で区画されたことは、Ⅰ期官衙の外囲みを充実させたとみることもできるが、藤原宮で用いられている一本柱列などのように木質の塀により、一定の高さを創出することに重点を置いていたようにも思える。多賀城では東辺部において検出している二時期の材木列と櫓状建物が、郡山遺跡Ⅱ期官衙の外郭南辺の内側に取り付く建物と似た構造となるため、築地による遮蔽部以外では類似している。

政庁

郡山遺跡Ⅱ期官衙の主体とみられる方四町Ⅱ期官衙の中は、今泉や林部が指摘するように「庭」ごとに分かれる構造になっていることや、飛鳥の饗宴施設である「飛鳥寺の西」の地と同じような場を設けるなど、飛鳥の宮殿域の構造を継承したもので、多賀城の政庁とはまったく異なる要素で構成されている。多賀城の第Ⅰ期の政庁については、郡山遺跡における「中庭」の機能の独立、拡充にその理由を見出したい。その起因となるものは大宝令の施行や平城京の造営など、律令国家の根幹となる法典や理念の変化を反映しているものと考える。

実務官衙

郡山遺跡では、方四町Ⅱ期官衙の内部と周辺施設に認められている。方四町Ⅱ期官衙内の主要な建物や石組池・石敷きを南北棟による建物列が東西から挟むような配置がなされている。これらを実務官衙とする見解もあるが、楼閣風建物や池と一体になり使用されたことを想定させる建物の存在など、今のところ断定するまでにはいたっていないと考える。方四町Ⅱ期官衙内北部で一本柱列（ＳＡ３８６）以北の状況や、東西建物列の外側の状況がもう少し明らかになることを待ちたい。むしろこの官衙外に配置された南方官衙や寺院西方建物群の機能と存続年代に注目したい。ちょうど多賀城第Ⅰ期では、内部に実務官衙を見出しがたい。多賀城城前地区などで発見されているＡ期官衙でも八世紀の中頃以降である。郡山遺跡の南方官衙の性格をどのようにみるかにもよるが、方四町Ⅱ期官衙や寺院西方建物群などのⅡ―Ｂ期の遺構群の存在から、多賀城創建段階では郡山の地に実務官衙の機能を残していたことを考えておきたい。

官衙内の道路

多賀城のような政庁から南門に向けての幅一三間に及ぶ城内の道路は、郡山遺跡からは見つかっていない。むしろ方四町Ⅱ期官衙内には存在しないだろう。郡山遺跡では、方四町Ⅱ期官衙南門から南方官衙の中央、郡山廃寺東辺に接するよう官衙外に主要な道路を想定しておく。この推定道路と東山道との接続がどのようになっているのかに注目したい。おそらく本書コラム「海の道から陸の道へ」で考えたように、郡山遺跡の西方を通過しているように思われる。今後の調査で具体的な遺構が発見されることに期待したい。

軒丸瓦

寺院についてはは前項で述べたので、ここでは省略するが、軒丸瓦についてだけ付け加えておく。

多賀城でＡ群としている軒丸瓦が出土している（表４）が、この瓦は多賀城の政庁やそこからの道路跡などから出土し、明らかに重弁系の瓦よりさかのぼるものである。この瓦のうち軒丸瓦一一三番（多賀城跡分類番号、表4参照、以下同じ）が多賀城廃寺からも出土している。瓦当径が小さく、後の多賀城ⅠB期の瓦が葺かれた屋根の補修瓦等には使用されないと考えられる。多賀城の創建期にⅠA期が想定されるのであれば、多賀城廃寺にもなんらかの先行する建物群の存在を予見させることとして、留意しておくべき点である。

また軒丸瓦一一六番（多賀城跡分類番号）の瓦は、郡山廃寺の瓦当文様から影響を受けたと考えられている。たしかに軒丸瓦一一六番には圏線があり、間弁が郡山廃寺の創建段階のA種と同じように、中房を挟んで一直線になっている。よって蓮弁の割付も均一なものである。この軒丸瓦一一六番は三本木町下伊場野窯跡から出土し、多賀城創建の初期段階の窯跡と位置づけられている。私見では郡山廃寺のC種の軒丸瓦が、多賀城創建期の軒丸瓦一一四番に影響を与えたのではないかと考えているが、郡山廃寺の創建段階のA種も同じように影響を与えていることになる。そうなると文様的には一一六番の蓮弁の丸みが強いこと、中房の径が瓦当全体から見て小さいことなどから、一一四番より先行することには違和感を覚える。しかし、一一六番に圏線がめぐることと、一一四番の破片が窯跡として後続する日の出山窯跡群C地点で採集されていることからは、一一六番が先行することは充分ありうることである。この郡山遺跡出土瓦のA種から一一六番への影響と、C種から一一四番への影響については、現時点で整理しきれない点が多分にあり、課題としておく。

関連集落

囲郭集落とよばれるものが周辺にあり、六世紀代から在地集落として成立していたことが認められている。Ⅰ章2、3で述べたように、郡山遺跡では長町駅東遺跡、西台畑遺跡などである。多賀城では山王遺跡や市川橋遺跡である。ともに遮蔽施設があり、関東系土師器（鬼高系）をともなっている。これらの人びとが城柵や国分寺、国分尼寺の造営などを通じて、古代社会のなかでかかわりを維持しつづけているようにみえる。

郡山遺跡と多賀城

　両遺跡の内容を明らかにしていくことは、地方社会からみた飛鳥時代から奈良時代へと変わりゆく時代の古代国家の模索を教えてくれる。宮都が飛鳥から平城へ遷るように、陸奥国府が郡山から多賀城に遷り、そのなかで継承されたものと継承されなかったもの、新たに付加されたものを検証することが、地方史からみた律令国家のめざしたものへのアプローチとなる。

　そのためには、横穴墓や窯跡、土器、瓦などの研究成果の統合が必要であり、考古学の共同作業が今後も欠かすことができないと言える。本章は、発掘調査が開始されて三〇年をまもなく迎える時期に、これまで明らかになった成果を調査者の視点でまとめてみたものである。

ヴァリエーション　郡山遺跡からの問い

本章では、奈良時代初めの東北地方の記録に残された歴史のなかで、郡山遺跡からみた場合に関連性の見出せるできごとについて問いを提示しておきたい。

1　古代史への問い

これまで発掘調査により得られた成果から郡山遺跡の内容を見てきた。とくに終末に関しては、方四町Ⅱ期官衙のⅡ—A期からⅡ—B期にかけての変容について、遺構とわずかな遺物から検討を加えた。多賀城創建期との連続性については、一定の方向性を示せたと考えている。しかし遺構の詳細については、これからも追加の調査を重ね、相互に検証していかねばならないと考えている。

（一）上毛野形名

郡山遺跡のⅡ期官衙が国府として機能していた時期に、陸奥守あるいは按察使として確認できるのは上毛野氏である。

和銅元年（七〇八）三月十三日

従四位下上毛野朝臣小足を陸奥守に任じ

た。

和銅二年（七〇九）七月一日

従五位上上毛野朝臣安麻呂を陸奥守に任じた。（前年上毛野朝臣小足が陸奥守に任じられた際は、上総守に任じられている）

養老四年（七二〇）九月二十八日

蝦夷が反乱し、按擦使正五位下上毛野朝臣広人が殺される。

また時代がさかのぼり、六三七（舒明天皇九）年、蝦夷が叛いて入朝しなかったので、大仁上毛《かみつけ》野形名《ぬかたな》に蝦夷を討たせるとする記事がある。

これらの記事は、関東に基盤をもつ上毛野氏が陸奥、あるいは東北経営にいかに影響を及ぼしていたかを示すものである。土器における関東系土師器とよばれる半球形の素焼きの土器の流入や、郡山遺跡の石組池に用いられた河原石積の技法、また名生館・伏見廃寺や燕沢遺跡に供給された棒状子葉状の軒丸瓦などの存在は、北関東の影響を示唆しているものと考えられる。

そこで、これまであまり問題にされてこなかったが、上毛野形名の記事についてふれておきたい。これは『日本書紀』の大化前代のことなので、そのまま信用していいとは考えない。しかし含まれている内容には注意しておくべきものがあるのではないか、という問いである。

この記事を要約すると、派遣された上毛野形名が蝦夷に敗れ、塁《とりで》に逃げ帰り包囲される。軍勢は城からいなくなり、いかんともしがたくなる。日が暮れて垣を超えて逃げようとすると、妻に先祖の武勇を語り聞かせられ、酒を無理やり飲まされた上で、ふたたび戦うというものである。千年以上経っても夫の情けなさが伝わってくる話としてまことに同情の至りである。

塁には「砦」と同意があり、また城は読んで字のごとく、垣は「囲い」である。『日本書紀』は天武天皇の意思により編纂され、完成が七二〇（養老四）年である。七世紀末から八世紀の初めに編纂されているため、どこまで大化前代のことが忠実に記載されているかはわからない。ただ軍事行動をして遮蔽施設をもつ、城なり塁が存在してよいことを、編纂時に多くの人びとが不思議に思わなかったということはいえるだろう。また大化前代までさかのぼらせた話としても、ある程度は受け入れられたのではないだろうか。

（二）国府郭下

七一五（霊亀元）年のできごとである。蝦夷の須賀君《すがのきみ》古麻比留《こまひる》たちが先祖以来昆布を献上しているが、この地が国府郭下から遠く離れているので、閉村に郡家を建ててほしいと言上したという記事である。ここに「国府郭下」とする用語が出てくる。

これについて、虎尾俊哉は一九八九（平成元）年に出された『国立歴史民俗博物館研究報告第二〇集』のなかで、

> （前略）郡山遺跡が有力な擬定地と思われるが、この遺跡では南北方位に基づく方四丁の方形の区画が認められ、まさに「国府郭下」という表現にふさわしい。蝦夷の世界に最も近い国府として、軍事的な要素を併せ持った特別の国府として建設されたと見て差し支えないと思われる。そしてこの方式を引き継いだのが、この少し後に建設された多賀城＝陸奥国府ということになろう。（後略）

という見解を出している。この時点ではまだ外溝や、藤原宮の外周帯に通じるような空閑地の存在は発見されていなかった。それが明らかになったことにより、この用語が郡山遺跡Ⅱ期官衙のこと

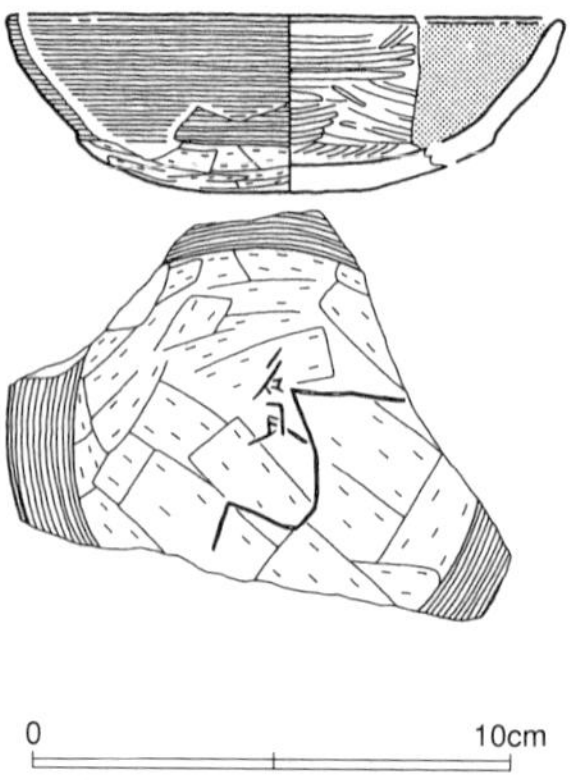

図84　SK46出土土師器

を直接指し示したと理解してもよいのではないだろうか。

郭という字は考古学に携わるものにとっては馴染みのある言葉である。中世の山城など主郭とか連郭などとよび、城の形態を示すのに使われている。しかしここでは外囲いとか城という意味なのであろう。国府関連の記述のなかでは、他に使用された例はないらしい。いかがなものだろうか。

(三)　昆　布

前項で取り上げた蝦夷たちは、国府に昆布を納めていたのであるが、どうも直接持ち込んでいるようである。昆布は生鮮品であるため、水分を含んだまま持ち運ぶのは困難である。これに関して平城宮から興味深い木簡が出土している。

陸奥国名取郡□□布御贄壱籠［　　］　天平元年十一月十五日

長さ三〇センチ程の荷札として使われた木簡（三〇五八号木簡）で、□は墨が薄く文字が判読できない意である。「□布」は昆布のことであろうと考えられている。また「壱籠」という記載があり、乾燥したものか、なんらかの加工をして籠に入れて運ばれたことがわかる。

この木簡は、七二九（天平元）年に陸奥国名取郡から昆布を都に納めた際の荷札である。郡山の地は名取郡内にあり、Ⅰ期官衙の時期の土坑から

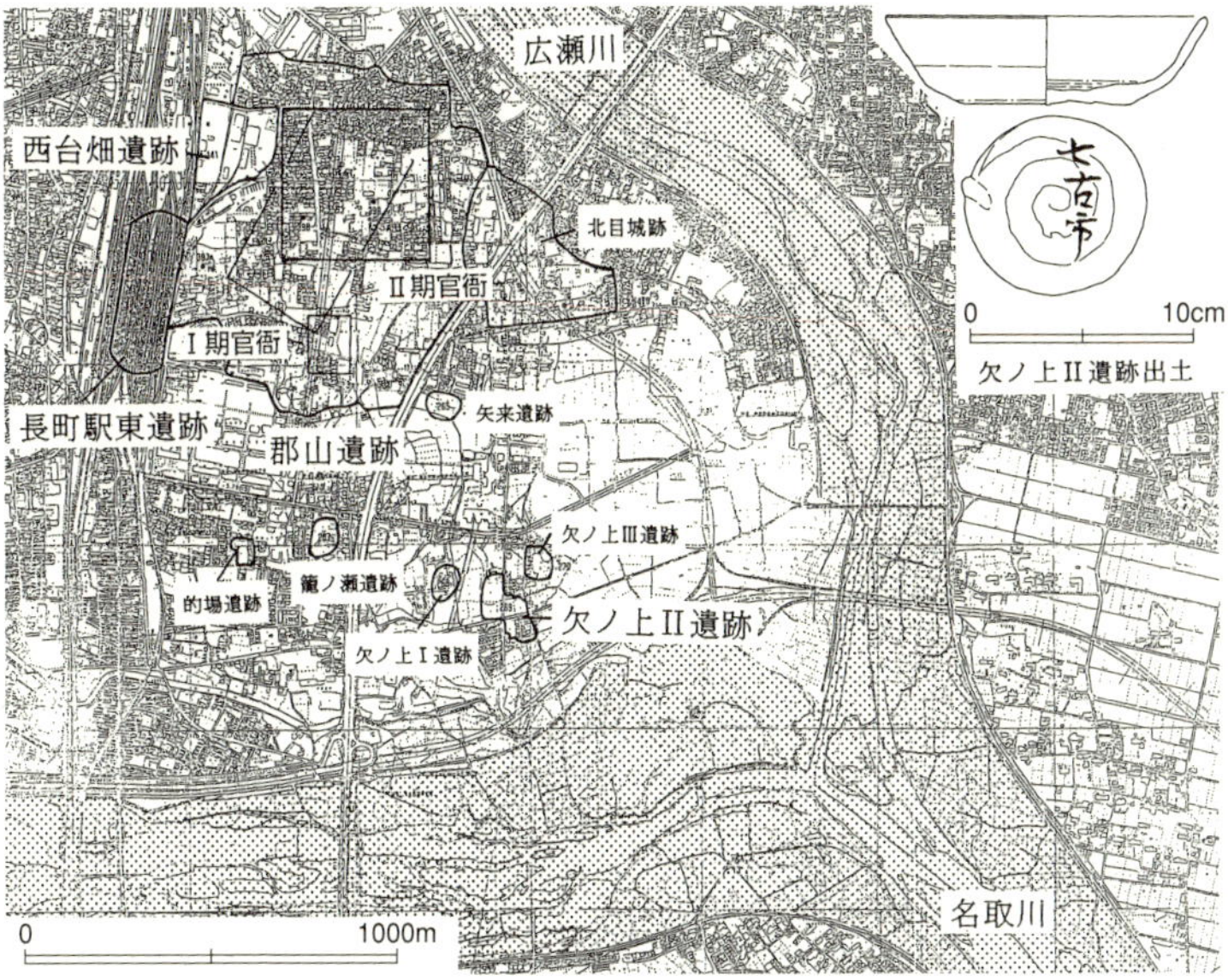

図85　欠ノ上遺跡と墨書土器

「名取」と線刻された土師器坏（図84）も出土していることから明らかである。ただし不思議なのは、名取郡は仙台湾に面してはいるが昆布は収穫できない地である。もっと海水温が低く、岩礁のあるリアス式海岸のような海岸線でなくては収穫できない。七一五（霊亀元）年に蝦夷の須賀君古麻比留たちが昆布を採集していたのは、そういう土地柄の牡鹿半島より北と考えるのが妥当である。ではどのようにして名取郡は昆布を手に入れられたのであろうか。私は国府に貢納されたものが郡別に割り振られた後、一度売却しそれを各郡が必要に応じて入手する手段があったのではないかと考えている。

国や郡が、不必要なものを必要なものと交換する、あるいは必要なものを入手できる場がある。「市」の存在である。国府の傍に市が存在したことは近江国の例などで知られている。

郡山遺跡の東南一キロ《キロ》に欠ノ上遺跡がある。名取川と広瀬川の合流点に程近い遺跡で、郡山遺跡が廃絶した八世紀後半以降の竪穴住居跡から「七古市」と墨書された須恵器の坏が発見されている（図85）。古代史家はこの墨書から「市」の存在を直接導き出すのはむずかしいという。古市あるいは七日市などの地名があることからは、その存在を考えることはむずかしいのであろうか。

2　ふたたび郡山の地から

郡山の地から官衙や寺院が消えると、急速に人びとの生活の痕跡が消えてしまう。西に隣接していた長町駅東遺跡や西台畑遺跡の集落も姿を消す。官衙に関連した人びとの集落とみられるので、官衙が移動したことにより、ともに移転した可能性は高い。しかし奈良時代後半以降の竪穴住居跡などが皆無というのも不思議な話である。官衙の移動の他に何か要因があるのだろうか。

新しい街づくり「あすと長町」区画整理事業にともなう発掘調査がされているなかで、郡山遺跡の北西端において大きな河川の跡を発見している。Ⅱ期官衙の外溝や竪穴住居跡を削り取り、幅九メートル《メートル》以上、深さ三メートル《メートル》に及ぶものである。現在はこの地点から七〇〇メートル《メートル》離れている広瀬川の旧河道とみられている。また長町駅東遺跡では、旧長町駅構内で線路の下になり見えていなかった、南北方向の谷状の地形も発掘調査で明らかになってきている。この地点は一九二五（大正十四）年以降、貨物駅として使われていたため、旧地形はまったくわからなかった。長町駅東遺跡の西部を通過した河川跡により削り取られた地形の可能性がある。広瀬川が郡山遺跡の北部を浸食し、場合によっては長町駅東遺跡西部を名取川方向に抜ける

図86　遺跡を削る河道跡

ような流路があった可能性がある。河川の流路がきわめて不安定に変わる状況のなかで、集落には適さない地になっていたのかもしれない。

この地に人びとの生活の痕跡がふたたび現れるのは平安時代十世紀前半である。郡山遺跡東半部で水田が造られ、掘立柱の建物や土器などが少量発見されている。それ以後は溝が開削されたりはするが、人びとの活動痕跡はきわめて少ない。

後に人びとの痕跡が残されるのは、遺跡北東部に北目城が接して作られるようになってからである。郡山遺跡内には「出丸」、「矢口」、「矢来」といった地名が残されている。

城の中心は「館ノ内」というあたりらしい。周辺の発掘調査により障子堀とよばれる大規模な堀が発見されている。出土した遺物からは十六世紀後半から十七世紀初期頃の遺構である。この城は十六世紀前半までは粟野氏の居城であったが、その後は伊達家の家臣である屋代勘解由兵衛が配置されていた。発見された堀はその頃のものである。一六〇〇（慶長五）年に関が原の合戦が起きると、伊達政宗がこの城に入り、当時上杉領であった白石城の攻略をここから指揮している。この城は一六一五（元和元）年に江戸幕府が出した一国一城令により廃城となり、延宝年間（一六七〇年代）には田畑になっていたという。

一七七二（安政元）年に完成した「封内風土記」によれば、郡山村の項があり、戸口六七、男女三七五人で、神社や古塁などがあると記されている。また一八二二（文政五）年の絵図によれば畑と水田の混在する地となっている。江戸時代以降明治初年まで、奥州街道沿いの長町と接しながらも、農村的な姿を留めていたようである。

一八八七（明治二十）年に塩釜まで東北線が開通すると、郡山の地は長町方面と線路により分断されてしまい、南北一・八キロの間が横断できない状況となる。

さらに一九一八（大正七）年から旧奥州街道の両側を埋め立てるように貨物駅の工事が開始されると、諏訪神社を現在の地に移動させ、東北線の新線も作っている。現在の長町駅から太子堂駅の西を通る道路は、旧東北線の線路敷きである。新たな貨物駅が一九二五（大正十四）年に完成すると、三〇ヘクタールの土地が長町—郡山間を分断することとなった。これより東の郡山の地は広瀬川と名取川により遮断されているため、交通上はきわめて不便な地となってしまった。

昭和四十年代（一九六五年〜）に国道四号線のバイパスが南北に開通すると宅地化が進んだが、発掘調査が始った一九七九（昭和五十四）年頃は、畑地や水田が残る農村の風景が残されていた。

現在は急速に住宅地と化し、戸建住宅やアパートが農地を埋めてしまった。また郡山遺跡の西まで「あすと長町」区画整理事業が進み、ビル街が出現する直前となっており、仙台市南部の新たな都市機能の中心地になりつつある。その地に接しながら遺跡の存在や評価を伝えていくのは大変むずかしいことである。

しかしこの地が一三〇〇年前には東北の中心であり、藤原京や平城京のある飛鳥地方と関連のあった地として伝えていかなくてはならない。

仙台開府四〇〇年という言葉を多くの仙台市民は知っている。伊達政宗が仙台を城下町として作ったことに由来している。これからは仙台開府一三〇〇年の合言葉を、郡山の地から発して次の世代に継承してもらいたいものである。

3　今を問うこと

今から三十余年前のことになる。高等学校の日本史参考書の註書きに「蝦夷征伐」という項目があり、「東北地方に奈良時代初めに多賀城が造られ開拓がすすんだが、反抗する蝦夷がしばしば反乱を起こすため、延暦六年（七九七）に征夷大将軍として坂上田村麻呂を派遣し平定をみた……」といったような記載がなされていた。当時、それは本当なのだろうかと疑問をもった。私の育った仙台市内の陸奥国分寺跡には、七堂伽藍の整った寺院があったという。また丹取郡の建郡は七一四（和銅六）年で、これが名取郡のことだとも、小学校時代の副読本には書かれていた。「律令国家」とよばれる時代の仙台の姿はどういうものだったのだろうか。こうした子供の頃に抱いた疑問が出発点であり、それは今も変わらない。

概説的な歴史を学ぶと足元の歴史もイコールに考えがちになる。しかし、それぞれの地に個性があり、概説的な歴史とはちがった側面があるはずである。その多様性を探求していくのが歴史学であり、地方史あるいは郷土史の意義なのではないだろうか。残念ながら今の学校教育では、その点が希薄である。たまたま自由研究や職場体験のような授業で、遺跡の現地を訪ねてくる子供たちがいる。日本史の流れくらいは知っているが、自分たちの住んでいる地域が、どのような場だったのかを知る人はほとんどいない。歴史を学ぶことを強制することはできないが、自分の生まれ育った地がどのような歩みをしてきたのかに、もっと目を向けるべきだろう。「過去」に目を向けることは、「今」を冷静に見るきっかけであり、望まれるべき「未来」の創出に繋がるものと考える。

遺跡発掘の現場に立つと、さまざまな声が聞こえてくる。恩師伊東信雄は、「昔はうちの畑から、こういうものが出てきた。名誉なことだといってくれた。でも今は時代がちがう」、そう話されて、三〇年が経つ。自治体の長の不始末や旧石器捏造といった事件による不信のなかで、行政体が行う遺跡発掘調査への信頼が低下したことは間違いない。市民と接していて肌身に感じる厳しさである。また考古学専攻の学生も減少したと聞く。

ただそのなかで浮かび上がってくるのは、博物館活動のなかで学ぶ市民や奉仕する人びとの姿である。専攻する学生の数が減少しても、学ぼうとする人びとの数が減少したとはいえないのではないか。職業人として、家庭人として生活を送りながら、歴史に向おうとする人びとが増えているなら、学生が減ったことを嘆く必要はないだろう。むしろ歴史に携わる職業の私たちが、社会状況の変化に応じた変革に挑んでいく感性があるかどうかの方が大切である。具体的には研修のレベルから研究の糸口へのシステムを作ることができるか、あるいは研究をめざした人びとに対して適切な指導や接し方ができるのかである。情熱をもって学ぼうとしている人びとには、高い専門性と多様な接点を作る創造性で応えていくことが必要である。おそらく専門性と創造性の両輪の有無とバランスが試される舞台に立たされていくのだろう。この両輪が前に回せるときに、学ぼうとする人びとと共感できる場ができ上がるのだと思う。

〝過去を問う〟ということは、土器の編年や発掘技術の上達、報告書の充実をめざすこととはまったくちがうものである。そこはあくまで専門性充実のための通過点であることを認識しなくてはならない。大地に埋まる地域の歴史に光を当て、多くの人びととそこから発見された感動を共有し、そして共感できることをめざしたい。その方向性がなくては発掘調査を実施、継続、充実させていくことはむずかしい時代になりつつある。考古学が研究室だけの学問ではない側面がここにある。

発掘調査の現場では　ふと立ち止まることや、驚きとともに呆然と立ち尽くすことがある。ささやかな感動から、雄大な感動までに足を止めるのである。それが過去と向き合うことであり、過去を問うことに繋がる。そうなると自然に心に有意義な間というものができるのではないだろうか。決して無意味な休止ではない。間の厚みを大切にしたい。

これは今を問う感性であり、未来を作る基盤となっていく。歴史と向き合うことから多くの人々が自らのヴァリエーションを奏じる道を歩んでほしいものである。

郡山遺跡見学ガイド

【所在地】

宮城県仙台市太白区郡山２～５丁目地内　他

現在、遺跡の整備は始まっていないが、要所に標柱、説明版を設置している。

【交通機関】

JR 東北本線長町駅から南東へ約１キロ、太子堂駅から東へ約1.5キロ

仙台南部道路長町インターから西進約１キロ

【見学施設】

郡山遺跡発掘調査事務所展示室

所在地　仙台市太白区郡山５丁目10－３

概　要　仮設、床面積60㎡、パネル80枚、土器や瓦など約300点

交　通　JR 東北本線長町駅から徒歩20分、太子堂駅から徒歩15分

郡山中学校内ピロティ

所在地　仙台市太白区郡山５丁目10－１

概　要　校舎内、床面積約600㎡、掘立柱建物跡２棟の架構復元

交　通　JR 東北本線長町駅、太子堂駅からいずれも徒歩20分

※いずれも入館料は無料。見学には事前に下記への申し込みが必要。

【問い合わせ・見学施設申し込み】

仙台市教育委員会文化財課整備活用係

〒980－8671　宮城県仙台市青葉区国分町３丁目７－１

電話022－214－8893　Fax022－214－8399

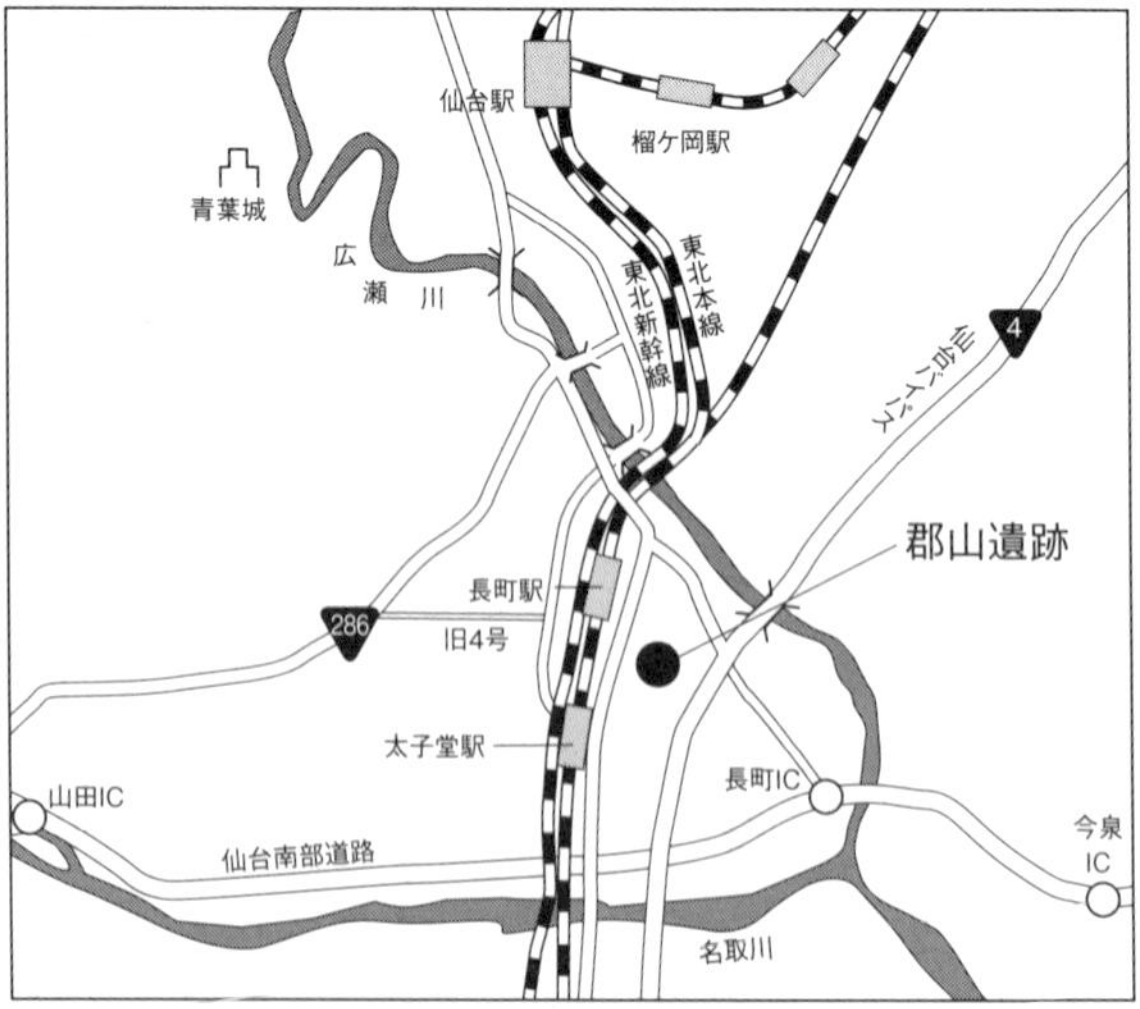

郡山遺跡関連年表

時代	西暦	年号	日本の主な出来事	陸奥国関係古代史
飛鳥時代	六三七		上毛野君形名を将軍に任じ、蝦夷を討つ	
	六四五	大化一	大化改新が始まる	
	六四七	三		渟足柵（新潟県）を造る
	六四八	四		磐舟柵（新潟県）を造る
	六五二	白雉三	難波長柄豊碕宮が完成	
	六五三	四		石城評が建てられる
	六五八～九		阿倍比羅夫が日本海沿岸の蝦夷を討つ	阿倍比羅夫の遠征後、道奥、越の国司、郡領らに叙位する
	六五九		3月　甘樫丘東之川上に須彌山を造り、陸奥と越の蝦夷を饗す	
	六六〇		5月　粛慎を須彌山で饗す	
	六六三		白村江の戦い	
	六七二		壬申の乱	
	六八五		3月　諸国の家ごとに仏舎を造らせる	
	六八六	朱鳥一	9月　天武天皇崩御	
	六八八		12月　飛鳥寺西槻下に蝦夷男女二一三人を饗す、冠位を授け物を賜う	
	六八九			陸奥国優嗜曇郡の城養蝦夷らに出家を許す
	六九〇		1月　持統天皇即位	
	六九四		12月　藤原京に都を遷す	
	七〇一	大宝一	8月　大宝律令完成する	
	七〇二	二	6月　遣唐使粟田真人ら出発す	陸奥国で戸籍を作成する
	七〇四	四	4月　諸国の印を鋳る 7月　粟田真人帰朝	
	七〇八	和銅一		越後国に出羽郡を置く

------------ 郡　山　Ⅰ　期　官　衙 ------------

西暦	年号	中央	陸奥
七〇九	二		3月 陸奥国鎮東将軍に巨勢麻呂、征越後蝦夷将軍佐伯石湯らを派遣し蝦夷を討つ
七一〇	和銅 三	3月 平城京に都を遷す	
七一二	五		9月 出羽国を置く
	五		10月 陸奥国管内の最上・置賜二郡を出羽国に移す
七一三	六		12月 陸奥国に丹取郡を建てる
七一五	霊亀 一		5月 相模、上総、常陸、上野、武蔵、下野の富民一千戸を陸奥国に配する
			10月 陸奥国香河村、閇村に郡家を建てる
七一七	三	里制を改め、郷里制とする	
七一八	養老 二		5月 陸奥国から石城、石背の二国を分置する
七二〇	四		9月 陸奥国の蝦夷反乱し、按察使上毛野廣人を殺す。持節征夷将軍多治比縣守らを派遣する
七二一	五		10月 柴田郡の二郷をさき苅田郡を置く
七二二	六	閏4月 墾田百万町歩の開墾を計画する	8月 諸国より柵戸一千人を陸奥鎮所に配する
七二四	神亀 一		3月 陸奥国の海道蝦夷反し、大掾佐伯児屋麻呂を殺す
			4月 海道蝦夷を征するため、持節大将軍藤原宇合らを派遣する
			※ 多賀城碑によればこの年に多賀城を置く
七二八	五		4月 新たに白河軍団を置き、丹取軍団を改めて玉作軍団となす
七三〇	天平 二		1月 陸奥国の田夷村に郡家を建て、百姓となす
七三七	九		1～4月 陸奥按察使大野東人の請により、多賀城から出羽柵への直路を開くことを試みる。持節大使兵部卿藤原麻呂らを派遣する
七四一	一三	2月 国分寺創建の詔	
七四九	天平勝宝 一		1月 陸奥国小田郡より初めて黄金を貢ずる

（七一〇～七四九）奈良時代

郡山Ⅱ期官衙

時代	西暦	和暦	事項	事項	
	七六〇	天平宝字四		12月　雄勝城、桃生柵の造営終る	
	七六七	神護景雲一		10月　伊治城の造営終る	
				10月　陸奥国に栗原郡を置く、もと伊治城なり	
	七七四	宝亀　五		7月　陸奥国の海道蝦夷、桃生城を侵し、その西郭を敗る	
		七		11月　陸奥の軍三千人を発して胆沢の賊を討つ	
	七八〇	一一		2月　陸奥国の軍士三千人を発し、3月、4月に賊地に進み覚鱉城をつくり、胆沢の地を得んとする	
				3月　陸奥国上治郡の大領伊治呰麻呂、按察使紀廣純らを殺し多賀城をおとす	
平安時代	七八四	延暦　三	11月　長岡京に都を遷す		
	七九四	延暦　一三	10月　平安京に都を遷す		
	七九七	一六		11月　坂上田村麻呂を征夷大将軍となす	
	八〇二	二一		1月　陸奥国に胆沢城を造らせる	
				4月　蝦夷の首領阿弖利為ら投降する	

参考文献

秋田県教育委員会　一九九九　『払田柵跡Ⅱ—区画施設—』秋田県文化財調査報告書第二八九集

阿部義平　一九八九　「城柵と国府・郡家の関連—仙台市郡山遺跡をめぐって—」国立歴史民俗博物館研究報告第二〇集

阿部義平　二〇〇六　「古代城柵の研究（Ⅲ）」国立歴史民俗博物館研究報告第一三三集

阿部義平　二〇〇七　「古代城柵の研究（Ⅳ）—辺要宮城を巡って—」国立歴史民俗博物館研究報告第一三八集

石田茂作監修・原田良雄編　一九七四　『東北古瓦図録』雄山閣

伊藤武士　二〇〇六　『秋田城跡』日本の遺跡⑫　同成社

伊東信雄　一九五〇　「郡山古瓦出土地」『仙台市史第三巻別篇一』

稲垣晋也編　一九七一　『日本の美術　No.66　古代の瓦』至文堂

井上光貞他　一九七六　『日本思想体系三　律令』岩波書店

今泉隆雄　二〇〇〇　「陸奥国の始まりと郡山遺跡」『仙台市史　通史編二　古代中世』

今泉隆雄　二〇〇一　「多賀城の創建—郡山遺跡から多賀城へ—」『条里制・古代都市研究』通巻一七号

今泉隆雄　二〇〇五　「付章　古代国家と郡山遺跡」『仙台市文化財調査報告書第二八三集　郡山遺跡発掘調査報告書—総括編⑴』仙台市教育委員会

上原真人　一九九七　「瓦を読む」歴史発掘⑪　講談社

宇治谷孟　一九八八　『日本書紀（下）』講談社

宇治谷孟　一九九二　『続日本紀（上）、（中）』講談社

大河原基典　二〇〇二　「多賀城創建期における瓦生産の展開」『宮城考古学第四号』宮城県考古学会

亀田修一他　二〇〇六　『吉備考古ライブラリィ⑬　吉備の古代寺院』

関東古瓦研究会　一九九四　『シンポジュウム　関東の国分寺』資料編
工藤雅樹　一九八七　「古式重弁蓮花文鐙瓦の製作年代について」『日本考古学論集七　官衙と寺院』吉川弘文館
工藤雅樹　一九九八　「多賀城の創建をめぐって—郡山遺跡第Ⅱ期官衙と名生館遺跡」『蝦夷と東北古代史』吉川弘文館
工藤雅樹　一九九九　『城柵と蝦夷』考古学ライブラリー五一　ニューサイエンス社
熊谷公男　一九九七　「蝦夷と王宮と王権—蝦夷の服属儀礼からみた倭王権の性格—」『奈良古代史論集　第三集』真陽社
熊谷公男　二〇〇四　『蝦夷の地と古代国家』山川出版社
熊谷公男　二〇〇四　『古代の蝦夷と城柵』吉川弘文館
熊谷公男　二〇〇四　「養老四年の蝦夷の反乱と多賀城の創建」『国立歴史民俗博物館研究報告第一〇九集』
桑原滋郎　一九九七　「多賀城と東北の城柵」『多賀城市史　第一巻　原始・古代・中世』
古代瓦研究会　二〇〇〇　『古代瓦研究Ⅰ—飛鳥寺の創建から百済大寺の成立まで—』奈良国立文化財研究所
古代瓦研究会　二〇〇五　『古代瓦研究Ⅱ—山田寺式軒瓦の成立と展開—』奈良文化財研究所
古代城柵官衙遺跡検討会　二〇〇三、二〇〇六、二〇〇八　『資料集』
小松茂美　一九八七　『日本の絵巻八　年中行事絵巻』中央公論社
埼玉県児玉郡神川町教育委員会　一九九三　『青柳古墳群南塚原支群Ⅰ』神川町教育委員会文化財調査報告書第一〇集
埼玉県児玉郡神川町教育委員会　一九九七　『青柳古墳群城戸野・海老ヶ久保・十二ヶ谷戸・二ノ宮支群—県営畑地帯総合土地改良事業神川南部地区発掘調査報告書Ⅰ』神川町教育委員会文化財調査報告書第一六集
相模古代史研究実行委員会　二〇〇三　『シンポジュウム　国分寺の創建を考える』資料集
佐川正敏　二〇〇三　「仙台市郡山廃寺所用軒丸瓦の調査報告」『東北学院大学　東北文化研究所紀要第三五号』

佐藤敏幸　二〇〇三「律令国家形成期の陸奥国牡鹿地方(1)—古代牡鹿地方の土器様式—」『宮城考古学第五号』宮城県考古学会
佐藤敏幸　二〇〇四「律令国家形成期の陸奥国牡鹿地方(2)—古代牡鹿地方の歴史動向—」『宮城考古学第六号』宮城県考古学会
佐藤敏幸　二〇〇六「東北地方における七世紀から八世紀前半の土器研究史—関東系土師器研究の現状と新たな研究視点の模索—」『宮城考古学第八号』宮城県考古学会
滋賀県教育委員会　一九九七『穴太遺跡発掘調査報告書Ⅱ』
滋賀県教育委員会　二〇〇一『穴太遺跡発掘調査報告書Ⅳ』
進藤秋輝　一九九〇「多賀城創建以前の律令支配の様相」『伊東信雄先生追悼　考古学古代史論攷』伊東信雄先生追悼論文集刊行会
須田　勉　二〇〇七「前期多賀城の成立に関する試論」『考古学論究—小笠原好彦先生退任記念論集—』
仙台市教育委員会　一九八〇『年報一』仙台市文化財調査報告書第二三集
仙台市教育委員会　一九八一〜二〇〇八『郡山遺跡一〜二八』
仙台市教育委員会　一九八二『郡山遺跡—第一三次—』仙台市文化財調査報告書第四二集
仙台市教育委員会　一九九〇『郡山遺跡—第八四・八五次—』仙台市文化財調査報告書第一四五集
仙台市教育委員会　一九九二『郡山遺跡—第六五次—』仙台市文化財調査報告書第一五六集
仙台市教育委員会　一九九二『仙台平野の遺跡群Ⅺ』仙台市文化財調査報告書第一六二集
仙台市教育委員会　一九九五『北目城跡』仙台市文化財調査報告書第一九七集
仙台市教育委員会　一九九七『郡山遺跡—第一一二次—』仙台市文化財調査報告書第二一三集
仙台市教育委員会　二〇〇〇『欠ノ上Ⅱ遺跡』仙台市文化財調査報告書第二四六集
仙台市教育委員会　二〇〇一『郡山遺跡—第一二四次—』仙台市文化財調査報告書第二五一集

仙台市教育委員会　二〇〇五　『郡山遺跡発掘調査報告書―総括編(1)・(2)―』仙台市文化財調査報告書第二八三集
仙台市教育委員会　二〇〇七　『長町駅東遺跡第四次調査』仙台市文化財調査報告書第三一五集
高橋富雄　一九七四　『古代蝦夷』学生社
東北大学東北文化研究会　一九五七　『蝦夷資料』吉川弘文館
栃木県立しもつけ風土記の丘資料館　一九九三　『第七回企画展　東山道の国分寺―寺に込められた願い―』
栃木県立しもつけ風土記の丘資料館　一九九四　『第八回企画展　海山道の国分寺―その成立と変遷―』
栃木県立しもつけ風土記の丘資料館　二〇〇三　『第一七回企画展　律令国家の誕生と下野國』
虎尾俊哉　一九七五　『若い世代と語る日本の歴史一〇　律令国家と蝦夷』
虎尾俊哉　一九八九　「律令時代の国府について―文献史学の落穂拾い―」『国立歴史民俗博物館研究報告第二〇集』
坪井利弘　一九九九　「図鑑瓦屋根（改訂版）」理工学社
内藤政恒　一九三八　「東北地方発見の重弁蓮花文鐙瓦に就いての一考察（下）」『寳雲』第二二号
奈良国立文化財研究所　一九八二　『飛鳥浄御原宮推定地の調査』飛鳥・藤原宮発掘調査概報一二
奈良国立文化財研究所　一九八四　『石神遺跡第三次調査』飛鳥・藤原宮発掘調査概報一四
奈良国立文化財研究所　一九八六　『石神遺跡第五次調査』飛鳥・藤原宮発掘調査概報一六
奈良国立文化財研究所　一九八八　『石神遺跡第七次調査』飛鳥・藤原宮発掘調査概報一八
奈良国立文化財研究所　一九九六　『斉明紀』
奈良国立文化財研究所　一九九九　『奈良国立文化財研究所年報一九九九―Ⅲ』
奈良文化財研究所　二〇〇三　『古代の官衙遺跡　Ⅰ遺構編』
奈良文化財研究所　二〇〇四ａ　『古代の官衙遺跡　Ⅱ遺物・遺跡編』
奈良文化財研究所　二〇〇四ｂ　「陸奥国荷札の発見」『奈良文化財研究所紀要二〇〇四』
奈良文化財研究所　二〇〇六　『古代庭園研究Ⅰ―古墳時代以前～奈良時代―』奈良文化財研究所学報第七四冊

長谷川厚 一九九三 「関東から東北へ―律令成立前後の関東地方と東北地方の関係について」『二十一世紀の考古学』櫻井清彦先生古希記念論文集 雄山閣
平川 南 一九九三 「多賀城の創建年代」国立歴史民俗博物館研究報告第五〇集
福島県立博物館 一九八八 『陸奥の古瓦―瓦が語る福島の古代史―』
埋蔵文化財研究会 一九九七 『古代寺院の出現とその背景』第一分冊、第二分冊
松本太郎 二〇〇八 「関東系と東北系―千葉県・茨城県を中心に―」『古代社会と地域間交流―土師器からみた関東と東北の様相―』(シンポジウム資料) 国士舘大学考古学会
宮城県教育委員会・多賀城町 一九七〇 『多賀城跡調査報告Ⅰ―多賀城廃寺跡―』吉川弘文館
宮城県教育委員会・宮城県多賀城跡調査研究所 一九八〇 『多賀城跡政庁跡図録編』
宮城県教育委員会・宮城県多賀城跡調査研究所 一九八二 『多賀城跡政庁跡本文編』
宮城県多賀城跡調査研究所 一九八二、一九八六、一九八七、一九八八、一九九〇、一九九七、二〇〇五、二〇〇六年報『多賀城跡』宮城県多賀城跡調査研究所
宮城県教育委員会 一九八四 「(Ⅰ)色麻古墳群」『宮城県営圃場整備等関連遺跡詳細分布調査報告書(昭和五八年度分)』宮城県文化財調査報告書第一〇〇集
宮城県教育委員会 一九八七 『硯沢・大沢窯跡ほか』宮城県文化財調査報告書第一一六集
宮城県多賀城跡調査研究所 一九九四 『下伊場野窯跡群』多賀城跡関連遺跡発掘調査報告書 宮城県多賀城跡調査研究所
宮城県利府町教育委員会 二〇〇四 『大貝窯跡群』利府町文化財調査報告書第一一集
陸奥国分寺跡発掘調査委員会編 一九六一 『陸奥国分寺跡』財団法人河北文化事業団
村田晃一 二〇〇〇 「飛鳥・奈良時代の陸奥北辺―移民の時代―」『宮城考古学第二号』宮城県考古学会
村田晃一 二〇〇二 「七世紀集落研究の視点(1)―宮城県山王遺跡・市川橋遺跡を中心として―」『宮城考古学第四

号』宮城県考古学会
村田晃一　二〇〇七「陸奥北辺の城柵と郡家―黒川以北十郡の城柵からみえてきたもの―」『宮城考古学』第九号
　宮城県考古学会
山中　樵　一九一五「漆液を容れたる陶器（附陸奥国名取郡家の遺址）」『考古学雑誌』第五巻第五号
山中　正　一九七九『木山人山中樵の追想　図書館と共に三六年』
吉田　歓　一九九三「内裏脇殿小考」『歴史第八〇輯』東北史学会

あとがき

この遺跡は一九七九（昭和五十四）年以来、三〇年にわたる長年の発掘調査により明らかになってきた遺跡である。正史などの文献史料には記録が残っていないことから、当初は「幻の城柵」とよばれていた時期もある。多くの先学と地元の地権者の方々に支え続けられて調査成果が蓄積されていったのである。二〇〇六（平成十八）年七月二十八日に「仙台郡山官衙遺跡群　郡山官衙遺跡　郡山廃寺跡」として国指定史跡となっている。記述を進めるにあたり、本文中では通常呼称されている「郡山遺跡」とさせていただいた。全国的には郡山遺跡という同じ名称の遺跡が存在するが、書名についても「郡山遺跡」として合わせた次第である。

私がこの遺跡にかかわったのは一九八〇（昭和五十五）年からである。最初はアルバイトの学生であり、後に仙台市の職員になってからも担当として長くたずさわることになった。その間、指導していただいた工藤雅樹先生や岡田茂弘先生を初めとする指導委員の方々、遺跡の発見と解明に尽力した上司の早坂春一氏や木村浩二氏、さらに多くの先輩や同僚、私を支えてくれた松本知彦さんや豊村幸宏さん等の後輩諸氏、それらの努力の成果を基盤にまとめさせていただいた。書中で長きにわたりご教示をいただいた今泉隆雄先生を初めとする多くの方々は、できるかぎりお名前を上げて指摘された内容を紹介したつもりである。ただし長きにわたる調査のため情報量が多く、記載できなかった諸氏にはお許しを願いたい。

最初に「日本の遺跡」シリーズで一冊をとのお話しを頂いてから、五年が経過した。社会からの要請に即、応えられなかったことは、私の力不足として解していただきたい。公共機関が発掘調査をしたとしても、そこで得られた情報は国民、市民共有のものである。要請に応じ様々なかたちで提供していかなくてはならないと考えている。遺跡の内容について伝えるには、現地で遺跡が存することの標柱、内容を説明する説明板、資料としてのパンフレット、市史や町史のような概説書、専門家向けの報告書などが必要である。本書はパンフレットと報告書の間を取り持つ役割と位置付けさせていただいた。したがってこの遺跡や時代に興味のある市民でも読むことができる要素を入れ込むことに努めた。巻頭や巻末の項、コラムなどである。なお遺構の説明や他遺跡との比較検討などでは、専門家向けの内容にならざるをえない箇所があった。いずれにおいても普段気にかけていることや、疑問に思っていることは正直に書かせていただいた。学問的な検証の不足や、時期尚早との指摘を受けることは承知しているつもりである。むしろ加除修正により、問題点の表出や整理の糸口を見出すことを願っている。

恩師である伊東信雄先生は著書の『古代東北発掘』（学生社・一九七三年刊行）の中で、「人々の暖かい目で見守られながら、意義ある仕事をするのはまことに楽しい」と語っている。厳しさの中の至福とはこういうものなのだろうか。私はとてもこうした境地に及ぶべくもなく、厳しさの中で先学、後輩諸氏よりの踏み台になればよいと思っている。

この書は長い発掘調査の中で土地を貸して下さった地権者と、暖かい目で見守って下さった市民への返書としたい。なお、本文中ではシリーズの編集方針により敬称を略させていただいた。ここでお断わりし、お詫び申し上げます。また、最後に図版等の提供、掲載にご協力いただいた奈良文化財研究所、宮内庁、滋賀県教育委員会、宮城県多賀城跡調査研究所、仙台市教育委員会、いわき市教育委員会、古川一明氏、林部均氏に深くお礼申し上げます。

菊池徹夫
坂井秀弥　企画・監修「日本の遺跡」

35　郡山遺跡《こおりやまいせき》

■著者略歴■

長島榮一（ながしま・えいいち）

1957年、宮城県生まれ
東北学院大学文学部史学科国史古代史専攻卒業
現在、仙台市教育委員会文化財課整備活用係主査
主要論文等
『仙台市史　特別編2　考古資料』（共著）仙台市史編さん委員会　1995年
『仙台市史　資料編1　古代中世』（共著）仙台市史編さん委員会　1995年
「仙台市郡山遺跡出土の平瓦について」『阿部正光君追悼集』阿部正光君追悼集刊行会2000年
「仙台市郡山遺跡の調査成果―陸奥国成立期の官衙について―」『日本考古学』第18号　2004年

2009年2月25日発行

著　者　長　島　榮　一
発行者　山　脇　洋　亮
発行所　㈱　同　成　社
〒102-0072　東京都千代田区飯田橋4-4-8
東京中央ビル内
TEL 03-3239-1467　振替 00140-0-20618
印　刷　亜細亜印刷㈱
製　本　協栄製本㈱

ISBN978-4-88621-470-6 C3321

シリーズ　日本の遺跡

菊池徹夫・坂井秀弥　企画・監修　　四六判・定価各1890円

【既刊】

①西都原古墳群　南九州屈指の大古墳群　北郷泰道
②吉野ヶ里遺跡　復元された弥生大集落　七田忠昭
③虎塚古墳　関東の彩色壁画古墳　鴨志田篤二
④六郷山と田染荘遺跡　九州国東の寺院と荘園遺跡　櫻井成昭
⑤瀬戸窯跡群　歴史を刻む日本の代表的窯跡群　藤澤良祐
⑥宇治遺跡群　藤原氏が残した平安王朝遺跡　杉本　宏
⑦今城塚と三島古墳群　摂津・淀川北岸の真の継体陵　森田克行
⑧加茂遺跡　大型建物をもつ畿内の弥生大集落　岡野慶隆
⑨伊勢斎宮跡　今に蘇る斎王の宮殿　泉　雄二
⑩白河郡衙遺跡群　古代東国行政の一大中心地　鈴木　功
⑪山陽道駅家跡　西日本を支えた古代の道と駅　岸本道昭
⑫秋田城跡　最北の古代城柵　伊藤武士

⑬常呂遺跡群　先史オホーツク沿岸の大遺跡群　武田　修
⑭両宮山古墳　二重濠をもつ吉備の首長墓　宇垣匡雅
⑮奥山荘城館遺跡　中世越後の荘園と館群　水澤幸一
⑯妻木晩田遺跡　甦る山陰弥生集落の大景観　高田健一
⑰宮畑遺跡　南東北の縄文大集落　斎藤義弘
⑱王塚・千坊山遺跡群　富山平野の弥生墳丘墓と古墳群　大野英子
⑲根城跡　陸奥の戦国大名南部氏の本拠地　佐々木浩一
⑳日根荘遺跡　和泉に残る中世荘園の景観　鈴木陽一
㉑昼飯大塚古墳　美濃最大の前方後円墳　中井正幸
㉒大知波峠廃寺跡　三河・遠江の古代山林寺院　後藤建一
㉓寺野東遺跡　環状盛土をもつ関東の縄文集落　江原・初山
㉔長者ケ原遺跡　縄文時代北陸の玉作集落　木島・寺﨑・山岸

㉕侍塚古墳と那須国造碑　下野の前方後方墳と古代石碑　眞保昌弘
㉖名護屋城跡　文禄・慶長の役の軍事拠点　高瀬哲郎
㉗五稜郭　幕末対外政策の北の拠点　田原良信
㉘長崎出島　甦るオランダ商館　山口美由紀
㉙飛山城跡　下野の古代烽家と中世城館　今平利幸
㉚多賀城跡　古代国家の東北支配の要衝　高倉敏明
㉛志波城・徳丹城跡　古代陸奥国北端の二城柵　西野　修
㉜原の辻遺跡　壱岐に甦る弥生の海の王都　宮﨑貴夫
㉝吉川氏城館跡　中世安芸の城と館　小都　隆
㉞北斗遺跡　釧路湿原にのこる大集落跡　松田　猛
㉟郡山遺跡　飛鳥時代の陸奥国府跡　長島榮一

【続刊】

㊱上野三碑　松田　猛